Was ist ein Stil und was ist der Stil? Für dieses kunstgeschichtliche und ästhetische Problem versucht ein Ethnologe eine Lösung vorzuschlagen. Inspiriert dazu wurde er durch eine Kunst, die schon immer fasziniert hat, die der Indianer an der Küste des Pazifischen Ozeans in Britisch-Kolumbien und Alaska. Diese Kunst, die heute zu den bedeutendsten zählt, ist nicht nur durch die Sammlungen in den großen Museen bekannt, sondern auch durch die Mythen und Riten, mit denen sie noch heute verbunden ist. Der Autor hat während eines Vierteljahrhunderts auf das Studium dieser Mythen eine neue Methode angewendet, die darin besteht, sie nicht nur als isolierte Objekte zu betrachten, sondern als Etappen oder Momente eines Dialoges, der die verbindet, welche sie erzählen, und die, welche zuhören. In diesem Buch wurde diese Methode zum erstenmal auf die Skulpturen ausgedehnt, die man Masken nennt.

insel taschenbuch 288
Lévi-Strauss
Der Weg der Masken

CLAUDE LÉVI-STRAUSS
DER WEG DER MASKEN

AUS DEM FRANZÖSISCHEN
VON EVA MOLDENHAUER
MIT ABBILDUNGEN

INSEL VERLAG

insel taschenbuch 288
Erste Auflage 1977
Deutsche Erstausgabe

Vertrieb durch den Suhrkamp Taschenbuch Verlag
Umschlag nach Entwürfen von Willy Fleckhaus
Satz: Librisatz Kriftel, Druck: Ebner, Ulm
Printed in Germany

DER WEG
DER MASKEN

Galerie der Nordwestküste im American Museum of Natural History, New York, im Jahre 1943.

I

Im Jahre 1943 schrieb ich: »Es gibt in New York einen verzauberten Ort, wo sich die Träume der Kindheit ein Stelldichein geben; wo jahrhundertealte Baumstämme singen und sprechen; wo undefinierbare Gegenstände den Besucher mit der ängstlichen Starre von Gesichtern belauern; wo Tiere mit übermenschlicher Sanftmut ihre kleinen Pfoten gleich Händen falten und um das Vorrecht bitten, dem Auserwählten den Palast des Bibers zu bauen, ihn durch das Reich des Seehundes zu geleiten oder ihn in einem mystischen Kuß die Sprache des Frosches oder des Eisvogels zu lehren. Diesen Ort, dem veraltete, aber erstaunlich wirkungsvolle museographische Methoden den zusätzlichen Reiz des Dämmerlichts der Höhlen sowie der schwankenden Anhäufung verlorener Schätze verleihen, diesen Ort kann man täglich von 10 Uhr bis 17 Uhr besichtigen im *American Museum of Natural History:* es handelt sich um den weitläufigen Saal im Erdgeschoß, den Indianerstämmen der Nordküste des Pazifik gewidmet, die von Alaska bis Britisch Columbien reicht.

Sicher ist die Zeit nicht mehr fern, da die Sammlungen aus diesem Teil der Welt aus den ethnographischen Museen verschwinden werden, um in den Museen der Schönen Künste zwischen dem alten Ägypten oder Persien und dem europäischen Mittelalter Platz zu nehmen. Denn diese Kunst darf sich mit den größten Kunstformen messen, und in den anderthalb Jahrhunderten, die wir von ihrer Geschichte kennen, zeugte sie von einer Vielfalt, die die anderen bei weitem übertraf, und entfaltete scheinbar unversiegbare Fähigkeiten der Erneuerung. (. . .)

In diesen anderthalb Jahrhunderten entstanden und blühten

nicht nur eine, sondern zehn verschiedene Kunstformen: von den Schulterumhängen der Chilkat, die zu Beginn des 19. Jahrhunderts noch unbekannt waren und mit einem Schlag die höchste Vollendung der Webkunst erreichen, wobei nur das aus Moospflanzen gewonnene helle Gelb, das aus Zedernrinde gewonnene Schwarz und das Kupferblau von Mineraloxyden Verwendung finden, bis hin zu den kunstvollen Skulpturen aus polierter, wie schwarzer Obsidian glänzender Tonerde, die, im Zustand von Nippes, den flammenden Niedergang einer Kunst veranschaulichen, die unter die Herrschaft von Stahlwerkzeugen geriet und die der Stahl auch zerstören sollte; ferner die verrückte, nur wenige Jahre dauernde Mode der Tanzhauben, die mit auf Perlmuttplättchen geschnitzten Figuren geschmückt waren, umrahmt von Pelz oder weißem Flaum, aus dem gleich Haarlocken Hermelinhäute quellen. Um sich von jener unaufhörlichen Erneuerung, jener großen Erfindungsgabe, die überall, wo sie wirkt, Erfolg verspricht, jener Verachtung für ausgetretene Pfade, die zu immer neuen Improvisationen drängt und unfehlbar die glänzendsten Früchte zeitigt, eine Vorstellung zu machen, mußten unsere Zeitgenossen auf das außergewöhnliche Schicksal eines Picasso warten. Freilich mit dem Unterschied, daß diese halsbrecherischen Übungen, mit denen uns ein Einzelner dreißig Jahre lang in Atem hielt, eine ganze Eingeborenenkultur mehr als fünfhundert Jahre lang praktiziert hat; denn wir haben keinen Grund, daran zu zweifeln, daß diese vielgestaltige Kunst sich im selben Rhythmus seit ihren fernsten Ursprüngen entwickelt hat, die wir nicht kennen. Doch einige Gegenstände aus Stein, welche die Ausgrabungen zutage förderten, zeugen davon, daß diese individuelle Kunst, die schon in ihren archaischen Produktionen zu erkennen ist, auf eine sehr alte Epoche zurückblickt, wenn wir diesem Terminus den relativen Wert geben, der geboten ist, wenn man ihn auf die amerikanische Archäologie bezieht.

Wie dem auch sei, am Ende des 19. Jahrhunderts war die Küste noch mit Dörfern übersät, vom Golf von Alaska bis in den Süden von Vancouver. Zur Zeit ihres größten Wohlstands konnten die Stämme der Nordwestküste hundert bis hundertfünfzigtausend Seelen vereinen: eine lächerlich geringe Zahl, gemessen an dem intensiven Ausdruck und den schlagenden Lehren einer Kunst, die ausschließlich in dieser fernen Gegend der Neuen Welt entwickelt wurde, von einer Bevölkerung, deren Dichte je nach den Regionen zwischen 0,1 und 0,6 Einwohner pro Quadratkilometer schwankte. Im Norden die Tlingit, denen wir Skulpturen von ungemein subtiler und poetischer Phantasie sowie kostbare Ornamente verdanken; weiter südlich die Haida mit ihren monumentalen und kraftvollen Werken; die ihnen vergleichbaren Tsimshian, die vielleicht eine menschlichere Sensibilität zeigen; die Bella Coola, deren Masken einen pompösen Stil aufweisen, in denen das Kobaltblau überwiegt; die Kwakiutl mit ihrer ausschweifenden Phantasie, die sich bei der Herstellung ihrer Tanzmasken verblüffende Formen und Farben einfallen lassen; die Nootka, die ein weiserer Realismus bremst; schließlich im äußersten Süden die Salish, deren sehr vereinfachter Stil eckig und schematisch wird und bei denen sich die Einflüsse aus dem Norden verwischen.

(. . .)

Für die Betrachter der Initiationsriten zeugten jene Tanzmasken, die plötzlich auseinanderklappten und ein zweites Gesicht preisgaben, zuweilen ein drittes hinter dem zweiten, alle gleich geheimnisvoll und streng, von der Allgegenwart des Übernatürlichen und dem Wuchern der Mythen. Diese primitive Botschaft, welche die Gelassenheit des Alltags durcheinanderbringt, ist so heftig, daß es der prophylaktischen Isolierung der Glaskästen noch heute nicht gelingt, ihre Sprache zu behindern. Man gehe ein oder zwei Stunden lang durch jenen Saal voller »lebender Säulen«; die Worte des Dichters geben genau die Redewendung der Eingeborenen wieder, mit der sie die geschnitzten Pfähle bezeichnen, die die Balken der Häuser stützten: Pfähle, die keine Dinge, vielmehr »vertraut dreinblickende« Wesen sind, da auch sie an Tagen des Zweifels und der Qual »wirre Worte« von sich geben, den Bewohner des Hauses leiten, ihn beraten und trösten und ihm einen Ausweg aus seinen Schwierigkeiten zeigen. Noch heute kostet es Mühe, in ihnen nur den toten Baumstamm zu sehen und für ihre leise Stimme taub zu bleiben, hinter den Glasscheiben der Schaukästen nicht zu beiden Seiten eines düsteren Gesichts den »kannibalischen Raben« zu ahnen, der anstelle der Flügel seinen Schnabel bewegt, oder den »Herrn der Gezeiten«, der durch ein Blinzeln seiner genial konstruierten Augen Ebbe und Flut beherrscht.

Denn fast alle diese Masken sind sowohl naive wie ungestüme Apparaturen. Ein Spiel von Schnüren, Spulen und Gelenken erlaubt es, daß die Münder den Schrecken des Neulings verhöhnen, die Augen seinen Tod beweinen, die Schnäbel ihn verschlingen. Diese in ihrer Art einmalige Kunst vereint die beschauliche Heiterkeit der Statuen von Chartres oder der ägyptischen Gräber mit den Gaukeleien des Karnevals. Diese Traditionen, alle von gleicher Größe und gleicher Authentizität, deren zerstückelte Überreste heute Jahrmarktsbuden und Kathedralen bewahren, herrschen hier in ihrer ursprünglichen Einheit. Jene dythrambische Begabung zur Synthese, jene fast monströse Fähigkeit, Dinge als ähnlich wahrzunehmen, die andere Menschen als verschieden ansehen, sind sicherlich das ungewöhnliche und geniale Zeichen der Kunst von Britisch Columbien. Von einem Schaukasten zum anderen, einem Gegenstand zum benachbarten, ja zuweilen von einem Teil desselben Gegenstands zum anderen hat man den Eindruck, als würde man vom alten Ägypten in unser 12. Jahrhundert überwechseln, von den Sassaniden zu den Karussells der Jahrmärkte unserer Vorstädte, vom Versailler Schloß (mit seinem frechen

Pathos für Embleme und Trophäen, seinem fast zügellosen Gebrauch plastischer Metaphern und Allegorien) zum kongolesischen Urwald. Man sehe sich die Vorratstruhen aus der Nähe an, ihr mit schwarzer und roter Farbe betontes Relief: ihr Schmuck scheint rein dekorativ zu sein. Doch nach traditionellen Normen sollen darauf ein Bär, ein Hai oder ein Biber dargestellt sein, freilich ohne irgendeinen jener Formzwänge, die andernorts den Künstler im Zaum halten. Denn das Tier erscheint gleichzeitig von vorn, von hinten und von der Seite; man sieht es sowohl von oben wie von unten, von außen wie von innen. In einer außergewöhnlichen Mischung aus Konvention und Realismus hat ein zeichnender Chirurg das Tier gehäutet und auseinandergenommen, sogar seiner Eingeweide entleert, um ein neues Wesen zu rekonstruieren, das in allen anatomischen Punkten mit den rechteckigen Flächen übereinstimmt, und einen Gegenstand zu schaffen, der sowohl eine Truhe als auch ein Tier und sowohl ein oder mehrere Tiere als auch ein Mensch ist. Die Truhe spricht, hütet wirksam die Schätze, die ihr anvertraut wurden, in einem Winkel des Hauses, von dem alles verkündet, daß es selbst das Skelett eines noch größeren Tieres ist, das man durch die Türe betritt, ein weit geöffnetes Maul, und in dessen Innern, in hunderterlei liebenswürdigen oder tragischen Formen, ein Wald von menschlichen und nicht menschlichen Symbolen steht.«

Später lernte ich noch andere Sammlungen der Nordwestküste kennen. Die des *American Museum* – wie manch andere ein Opfer der Verirrung der Konservatoren – hat viel von der Anziehungskraft verloren, die ihr Franz Boas durch seine Form der Präsentation so gut zu bewahren verstand. Max Ernst, André Breton, Georges Duthuit und ich haben uns bescheidenere Sammlungen zugelegt: wir teilten uns, je nach unseren aktuellen Mitteln, die bei den New Yorker Antiquaren zum Verkauf angebotenen Gegenstände – in einer Zeit, die heute selbst schon mythisch erscheint, da solche Werke kaum Interesse erweckten; meine eigene Sammlung mußte ich 1951 verkaufen. Als Kulturberater der Botschaft hatte sich mir 1947 die Gelegenheit geboten, für Frankreich eine berühmte Sammlung zu erwerben, die sich heute in einem Museum an der Westküste der Vereinigten Staaten befindet: statt zu versteuernder Dollars hätte der Verkäufer lieber ein paar Bilder von Matisse und Picasso gehabt. Trotz meinen Bemühungen gelang es mir nicht, die Verantwortlichen für unsere Kulturpolitik, die sich gerade in New York aufhielten, für diesen Plan zu gewinnen. Freilich hatten die staatlichen Kunstsammlungen damals keine moderne Malerei zu verkaufen, und man hielt mein Vorhaben für utopisch, die beiden genannten Künstler direkt anzusprechen, denen man die Nutzung, ja das Eigentum an jenen wunderbaren Gegenständen hätte überlassen können; wären sie erst einmal in Frankreich gewesen, dann hätten sie gewiß eines Tages den Weg in unsere Museen gefunden.

Trotz und zum Teil wohl auch aufgrund dieser Widrigkeiten ist die fast körperliche Beziehung, die ich zwischen den beiden Weltkriegen beim Anblick der seltenen Objekte, die es damals in den französischen Kunstsammlungen sowie bei einigen Antiquaren gab, zur Kunst der Nordwestküste geknüpft hatte, niemals abgerissen. Erst kürzlich spürte ich sie wieder an den Stätten, wo diese Kunst entstand und sich entwickelte, als ich die Museen von Vancouver und Victoria besichtigte und sie erneut aufleben sah unter dem Meißel oder Stichel geschickter indianischer Bildhauer und Goldschmiede, von denen manche ihren großen Vorgängern ebenbürtig sind.

Dennoch war im Laufe der Jahre jenes Gefühl der Verehrung stets von einer gewissen Unruhe begleitet: diese Kunst stellte mich vor ein Problem, das ich nicht zu lösen vermochte. Einige Masken, alle vom gleichen Typus, verwirrten mich. Ihr Stil, ihre Form waren befremdlich; ihre plastische Berechtigung entzog sich mir. Wiewohl gründlich vom Meißel des Bildhauers bearbeitet und mit vielem Zubehör ausgestattet, trotz all diesen hervortretenden Teilen machten sie einen kompakten Eindruck: geschaffen, um vor dem Gesicht getragen zu werden, ohne daß die nur wenig gehöhlte Rückseite sich wirklich dessen Form hätte anschmiegen können.

Diese Masken, sehr viel breiter als ein Gesicht, sind oben abgeflacht, doch ihre anfangs gekrümmten Seiten nähern sich einander an und laufen dann parallel oder sogar schräg nach unten aus; das letzte Drittel ähnelt somit einem Rechteck oder einem umgekehrten Trapez. Das untere Ende ist völlig horizontal, so als hätte man die Maske plötzlich mitten durch einen herabfallenden Unterkiefer abgesägt, aus dem eine geschnitzte oder rot bemalte große Zunge heraushängt. Etwa in Höhe des ersten Drittels der Maske ragt der Oberkiefer heraus. Unmittelbar darüber wird die Nase, die zuweilen nur schematisch angedeutet ist oder ganz fehlt, meist durch einen weit vorspringenden Vogelkopf mit leicht geöffnetem oder geschlossenem Schnabel ersetzt; zwei oder drei ähnliche Köpfe schmücken, gleich Hörnern, den oberen Teil der Maske. Die verschiedenen Formen der Nase, die Zahl und Anordnung der Hörner kennzeichnen verschiedene Typen von Masken, die in einigen Gruppen Biber, Ente, Rabe und Schlange genannt werden, in anderen Gruppen Biber, Ente, Rabe, Eule und Frühlingslachs. Doch unabhängig von dem Typus bleibt die allgemeine Form die gleiche, ebenso wie die der Augen, die aus zwei Holzzylindern bestehen, die entweder aus der Masse geschnitzt oder später aufgesetzt sind und weit aus den Höhlen hervortreten.

Beim Anblick dieser Masken stellte ich mir immer wieder dieselben Fragen. Weshalb diese ungewöhnliche, ihrer Funktion so wenig dienliche Form? Zweifellos sah ich sie unvollständig, denn einst krönte sie ein Diadem aus Schwanen- oder Bergadlerfedern (die einen weiß, die anderen mit weißer Spitze), zwischen denen mehrere mit Flaumkugeln bestückte dünne Stäbe steckten, die bei jeder Bewegung des Trägers erzitterten. Ferner ruhte der untere Teil der Maske auf einem breiten Kragen, einst aus starren Federn, heute aus besticktem Stoff. Doch diese Zutaten, die auf alten Fotografien zu sehen sind, betonen eher das Befremdliche der Maske, ohne ihre rätselhaften Aspekte zu erhellen: weshalb jener weit offene Mund, jener herabhängende Unterkiefer, der eine riesige Zunge bloßlegt? Weshalb jene Vogelköpfe, die mit dem Übrigen in keiner offenkundigen Beziehung stehen und so ganz unpassend angebracht sind? Weshalb jene vorstehenden Augen, das unveränderliche Merkmal aller Typen? Weshalb schließlich jener fast dämonische Stil, der in den benachbarten Kulturen, ja sogar in derjenigen, in der er entstand, nichts Vergleichbares hat?

Auf alle diese Fragen konnte ich erst dann eine Antwort geben, als ich begriffen hatte, daß sich die Masken, ebensowenig wie die Mythen, nicht für sich und durch sich allein, als isolierte Gegenstände deuten lassen. Semantisch gesehen, gewinnt ein Mythos erst dann einen Sinn, wenn man ihn in die Gruppe seiner Transformationen eingebettet hat; ebenso entspricht ein Maskentypus, rein plastisch gesehen, anderen Typen, deren Form und Farben er transformiert, um zu seiner Individualität zu gelangen. Damit diese Individualität derjenigen einer anderen Maske entgegensteht, ist es erforderlich und ausreichend, daß zwischen der Botschaft, welche die erste Maske übermitteln oder konnotieren soll, und der Botschaft, welche die andere Maske in derselben oder einer benachbarten Kultur zu befördern hat, dieselbe Beziehung vorherrscht. In dieser Perspektive wird man nun feststellen, daß die sozialen oder religiösen Funktionen der verschiedenen Maskentypen, die man einander gegenüberstellt, um sie vergleichen zu können, untereinander in derselben Transformationsbeziehung stehen wie die plastische Form, die Zeichnung und die Tönung der Masken als materieller Gegenstände. Und da sich an jeden Maskentypus Mythen knüpfen, die den Zweck haben, seinen legendären oder übernatürlichen Ursprung zu erklären sowie seine Rolle im Ritual, in der Ökonomie und in der Gesellschaft zu begründen,

Swaihwé-Maske. Cowichan.

wird eine Hypothese, die eine Methode, welche sich bereits bei der Untersuchung der Mythen bewährt hat, auf Kunstwerke ausdehnen will (die jedoch nicht nur Kunstwerke sind), ihre Bestätigung finden, wenn wir letztlich zwischen den Gründungsmythen jedes Maskentypus Transformationsbeziehungen nachweisen können, die denen entsprechen, die in rein plastischer Hinsicht zwischen den eigentlichen Masken vorherrschen.

Um dieses Programm zu erfüllen, kommt es darauf an, daß wir uns zunächst dem Maskentypus zuwenden, der uns so viele Rätsel aufgegeben hat, und sämtliche Informationen, die wir über ihn besitzen, ordnen, das heißt alles, was wir über seine ästhetischen Merkmale, seine Herstellungstechnik, den Gebrauch, für den er bestimmt ist, sowie die Wirkungen, die man von ihm erwartet, schließlich alles, was wir über die Mythen wissen, die etwas über seinen Ursprung, seine Gestalt und seine Verwendungsbedingungen aussagen. Denn erst wenn diese Akte zusammengestellt ist, kann man sie sinnvoll mit anderen Akten konfrontieren.

II

Den Maskentypus, den wir soeben beschrieben haben, finden wir bei etwa einem Dutzend Indianergruppen, die alle zur Sprachfamilie der Salish gehören. Diese Gruppen bewohnten zwei Territorien von jeweils etwa dreihundert Kilometern Länge: auf dem Kontinent nördlich und südlich der Fraser-Mündung, sowie auf der anderen Seite der Meerenge von Georgia auf dem östlichen Teil der Insel Vancouver. Im allgemeinen nennt man diese Masken *swaihwé,* ein Name, den sie im Fraser-Tal tragen[1], die Termini, die sie anderswo bezeichnen, ähneln einander sehr stark, so daß es unnötig erscheint, sie alle aufzuführen, es sei denn, um darauf hinzuweisen, daß in der Gegend von Puget Sound, wo man die Maske nicht kennt, ein fast identisches Wort, *sqwéqwé,* den Potlatch bezeichnet, Zeremonien, in deren Verlauf ein Gastgeber Reichtümer an seine Gäste verteilt, um durch ihre Anwesenheit seinen Erwerb eines neuen Titels oder seinen Aufstieg zu einem neuen Status zu bekräftigen. Wir werden auf diese Ähnlichkeit noch zurückkommen.

Im Kostüm der Maskenträger herrscht die Farbe Weiß vor. Der bereits erwähnte Kragen bestand aus Schwanenfeder, ebenso der Rock, die Beinkleider und die Ärmel – zuweilen aus dem Gefieder des Tauchervogels. Statt Federn verwandten einige nördliche Gruppen, Klahuse und Slaiamun, glänzende, ebenfalls weiße Strohhalme. Die Masken hielten ein besonderes Sistrum in der Hand: es bestand aus Schalen der Kammuschel, die auf einen Holzreif gezogen waren. Zur Zeit, da Curtis die Cowichan der Insel Vancouver besuchte, zählten diese Indianer sieben Besitzer von Swaihwé-Masken unter sich, die bei den Potlatch-Festen auftraten, bei den Winterriten jedoch fehl-

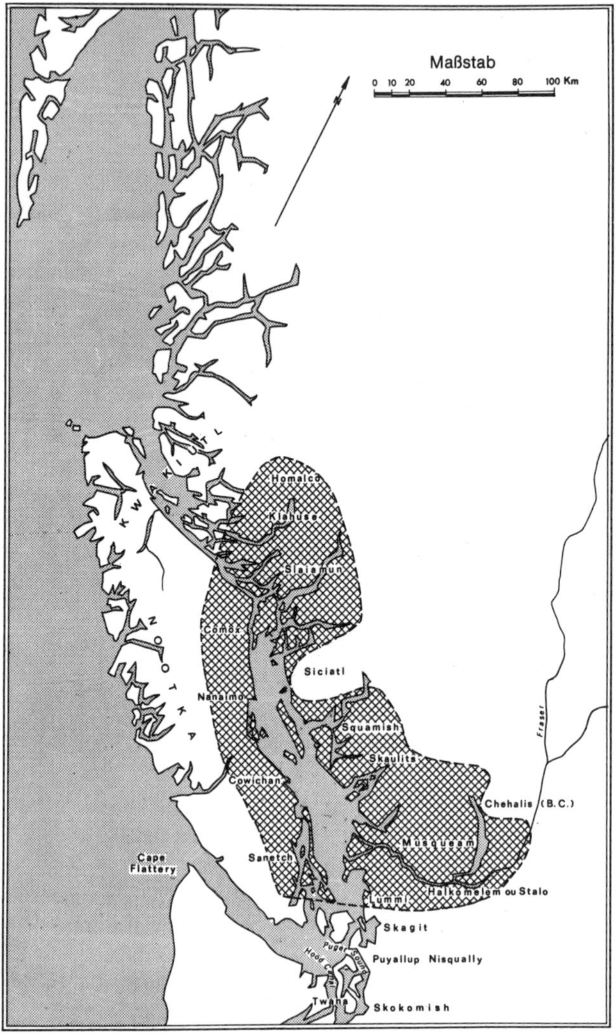

Verteilung der Swaihwé-Maske

ten. Wer immer einen Potlatch oder ein anderes profanes Fest geben wollte, bezahlte die Inhaber der Maske, um sich ihrer Mitwirkung zu versichern. Sie tanzten und deuteten dabei mit dem Finger zum Himmel, um daran zu erinnern, daß ihre Vorfahren, wie wir noch sehen werden, vom Himmel gekommen waren. Die Musqueam der Fraser-Mündung, welche die Masken von Gruppen am oberen Flußlauf erwarben, benutzten sie bei Potlatchs, Eheschließungen, Begräbnissen und den profanen Tänzen während der Initiation. Bei einigen Gruppen der Flußmündung griff ein zeremonieller Clown, der eine etwas andere Maske trug, die Swaihwé mit der Lanze an, so als wollte er ihnen die Augen ausstechen, und die Tänzer taten so, als würden sie ihn vertreiben.

Die Swaihwé-Masken sowie das Recht, sie während der Zeremonien zu tragen, waren der ausschließliche Besitz einiger hochgestellter Linien. Diese Privilegien wurden vererbt oder durch Eheschließung erworben: eine Frau, die einer maskenbesitzenden Linie angehörte, übertrug dieses Recht den Kindern, die sie ihrem Gatten schenkte. So erklärt sich, daß sich die Maske von einem vielleicht einzigen Ursprungsort aus vom Kontinent bis zur Insel Vancouver und von der Fraser-Mündung etwa zweihundert Kilometer nach Norden und Süden ausbreiten konnte. Auf der Insel, bei den Cowichan und ihren Nanaimo-Nachbarn, spielte das Tragen der Masken eine reinigende Rolle: es »wusch« die Anwesenden. Und im gesamten Areal brachten die Masken Glück und förderten den Erwerb von Reichtümern.

Wiewohl diese letztere Funktion überall besteht und wir sie folglich als ein unveränderliches Merkmal der Masken ansehen dürfen, unterscheiden sich die Mythen über ihren Ursprung deutlich voneinander, je nachdem, ob sie von der Insel oder vom Kontinent stammen.

Die Insel-Versionen erzählen, daß die Vorfahren der Masken zu Beginn der Zeiten vom Himmel fielen. Ihr Gesicht ähnelte

Swaihwé-Maske mit ihrem Sistrum. Cowichan.

in allen Zügen den heutigen Masken. Zwei Personen kamen als erste auf der Erde an; sie vertrieben die dritte, die ihnen auf dem Fuße folgte, aus Furcht, ihr Körpergeruch (sagen die einen) oder der Lärm ihres Sistrum (sagen die anderen) könnte die Lachse erschrecken. Als die vierte die Erde berührte, erbebte die Erde. Sie waren sechs an der Zahl, und eine jede brachte ein besonderes Gut mit: Waffe, Jagd- oder Fischfanggerät, Haushaltsgerät, magisches Heilmittel . . .
Ein Mann wohnte bereits in der Gegend. Er hatte eine Tochter, und da diese faul war, veranlaßte er sie, einen der Neuankömmlinge zu heiraten, der im Ruf eines guten Jägers stand. In Begleitung zweier Sklaven legte das junge Mädchen einen weiten Weg bis zu ihrem Bräutigam zurück, dem sie getrocknete Lachse mitbrachte. Als Gegengabe erhielten die Reisenden Fleisch. Doch die Ehe nahm eine schlechte Wendung: die drei Kinder, welche die Frau gebar, starben in zartem Alter, und ihr Gatte schickte sie zu ihrem Vater zurück.
Dieser Vorfahre beschloß nun, die Tochter zu heiraten, die einer seiner Gefährten mit einer Fremden gezeugt hatte. Sie bekamen viele Kinder. In Begleitung seines Bruders (der unmittelbar nach ihm vom Himmel gekommen war) entdeckte er eines Tages den Hund, der ihnen bei der Jagd half. Doch trotz den Warnungen seines älteren Bruders machte sich der jüngere sexueller Ausschweifungen mit seiner Frau schuldig: wie vorhergesagt, verschwand der Hund. Die Männer machten sich auf, ihn zu suchen, und gelangten zu einem Wasserfall, den die Lachse hinaufzusteigen versuchten. Das machte sie nachdenklich; sie flochten Reusen und spannten sie entlang des Wasserfalls auf: viele hochspringende Fische fielen hinein. Sie ließen sie in großer Menge trocknen und kehrten, mit ihren Vorräten beladen, ins Dorf zurück.

Obwohl diese Version entwickelter ist als andere, erscheint sie um so inkohärenter. Die Episoden stehen unverbunden nebeneinander, und die Erzählung endet abrupt mit einem Fischfang, der bei der Handlung keine Rolle spielt und sie auch nicht auflöst. Dennoch sind mehrere Parallelismen zu erkennen: der Hauptvorfahre geht nacheinander zwei Ehen ein, die eine mit einer *vorherigen* (sie war vor ihm auf der Erde) und *fernen* Gattin, denn sie gehörte einem anderen Volk an; die andere mit einer *nachfolgenden* (sie wurde geboren, als er schon lange auf der Erde war) und *nahen* Gattin (Tochter eines seiner Gefährten).

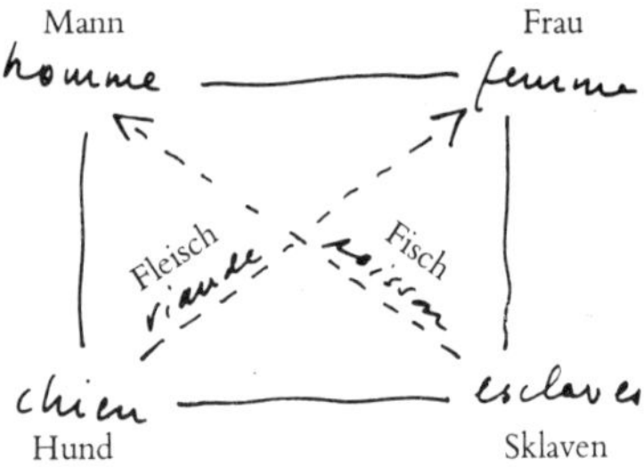

Bei jeder Eheschließung treten zwei Arten von Gehilfen auf: die Sklaven der ersten Frau, die Fischer und wahrscheinlich männlichen Geschlechts sind; und der Jagdhund, der kurz nach der zweiten Eheschließung entdeckt wird. Im Denken der Salish ist der Hund in der Tat eine Art Sklave: »Sogar ein Hund oder ein Sklave arbeitet besser, wenn man ihn anständig behandelt«, heißt es in der Gegend von Puget Sound. Wir wissen nicht, ob das Tier des Mythos ein Männchen oder ein Weibchen ist, doch brachten die Salish des Innern Frauen und Hunde miteinander in Verbindung. Ein Okanagon-Mythos erklärt, »warum es heute Frauen und Hunde gibt«. Bei der rituellen Beschwörung der Seele des auf der Jagd erlegten Bären verspricht man: »Keine Frau wird dein Fleisch essen, kein Hund wird dich beleidigen.« Frauen und Hunden war es untersagt, in der Nähe der den Männern vorbehaltenen Schwitzkammern zu urinieren, und man tötete den Hund, der an derselben Stelle urinierte wie eine Frau. Tatsächlich impliziert in dem Mythos die Verstärkung des Bandes zwischen dem Jäger und seinem Hund die Lockerung des Bandes zwischen dem Mann und seiner Gattin. Durch seine allzu große Leidenschaft schädigt der Gatte seine Frau, denn eine solche Verletzung der Jagdtabus beraubt ihn der Dienste seines Hundes, so daß er das Wild nicht töten kann, mit dem ein Ehemann seine Gattin zu versorgen hat. Dieser doppelten Verfehlung eines Gatten gegenüber seiner Frau entsprechen im ersten Teil des Mythos die Verfehlungen einer Frau gegenüber ihrem Vater und ihrem Gatten: Verfehlung gegen die Kultur, wenn das faule Mädchen sich weigert, aus den Häuten Kleider zu nähen; und Verfehlung gegen die Natur, wenn sie sich als Ehefrau unfähig erweist, lebensfähige Kinder zu gebären. In allen übrigen Punkten widersetzen sich die Insel-Versionen allen Formalisierungsversuchen. Erst wenn man sie mit den Versionen des Kontinents vergleicht, läßt sich ihr Aufbau erhellen. Diesen wollen wir uns jetzt zuwenden.

Von winzigen Unterschieden abgesehen, erzählen alle Gruppen des mittleren und unteren Fraser dieselbe Geschichte. Es war einmal ein Knabe, der an einer Art Lepra krankte. Sein Körper strömte einen üblen Gestank aus, sogar seine nahen Verwandten flohen ihn. Der Unglückliche beschloß, sich umzubringen, und stürzte sich in einen See. Auf dem Grund des Wassers landete er auf dem Dach einer Behausung, die von Tauchervögeln (*Gavia* sp.) bewacht war und deren Bewohner allesamt an einer rätselhaften Krankheit litten (oder, je nach den Versionen, nur ein Säugling oder die Tochter des Häuptlings, die Krämpfe bekamen, nachdem der Held ihnen auf den Rükken oder den Bauch gespuckt hatte). Als Gegenleistung für seine eigene Heilung heilte er den oder die Kranken, erhielt das junge Mädchen zur Frau und sah zum ersten Mal die Masken, Sistren und Kostüme der Swaihwé-Tänzer. Woraufhin er wundersamerweise an den Ort zurückversetzt wurde, wo er sich ins Wasser gestürzt hatte; oder der Biber und der sogenannte Cohoe-Lachs – zuweilen auch mehrere Tiere; vgl. die Namen der Masken, S. 15 – bahnten ihm einen unterirdischen Weg, der in der Nähe der heutigen Stadt Yale mündete.

Der Held schickte oder begleitete seine Schwester zu dem See und befahl ihr, ihre Angelschnur mit oder ohne Haken (einer Version zufolge mit Federn als Köder) auszuwerfen. Sie fing die Wassergeister und zog sie an die Oberfläche. Diese machten sich los, tauchten wieder in die Tiefe und ließen eine Maske sowie ein Sistrum zurück. Die jungen Leute legten diese kostbaren Gegenstände in einen für diesen Zweck geflochtenen und verzierten Korb; oder sie hüllten sie in die schönste Decke, die ihre Mutter besaß. Entweder gibt der Held die Originalmaske dem Wasser zurück, nachdem er eine Kopie von ihr angefertigt hatte, die in der Öffentlichkeit zu tragen er seinen Vetter beauftragt (weil er selbst, wie der Mythos sagt, nicht die Kraft hat, diese Funktion zu übernehmen); oder er gibt, aus demselben Grund, das Original seinem jüngeren Bruder. Doch ob es sich nun um das Original oder um eine Kopie handelt – in fast allen Versionen geht die Maske als Mitgift an die Schwester oder die Tochter des Helden, sobald sie heiratet. Nur eine Version weicht von der Norm ab und erzählt, daß die Maske in die Hände von Feinden fiel. Sie war nämlich sehr kostbar; ihrem ersten Besitzer verlieh sie die Gabe, Krämpfe und Hautkrankheiten zu heilen, wie überhaupt »dem, der die Maske besitzt, alles leicht fällt«, wie es in derselben Version des Mythos heißt.

Die Mythen des Kontinents weisen noch ein weiteres gemeinsames Merkmal auf: sie geben präzise an, an welchem Ort die Handlung spielt. Entweder, so sagen die einen, in Iwawus oder Ewawus, einem Dorf etwa drei Kilometer flußaufwärts von der heutigen Stadt Hope entfernt. Der See, in dem der Held den Tod sucht, ist der Kaukwé- oder Kawkawa-See in der Nähe der Mündung des Coquihalla-Flusses, einem linken Nebenfluß

des Fraser, in den er bei Hope mündet. Nach seiner unterirdischen Wanderung kommt der Held in der Nähe von Yale an die Oberfläche, und nach Yale geht auch seine ganze Familie zum Fischen.
Die Thompson-Indianer der Utamqt-Gruppe haben eine ganz ähnliche Version. Sie nennen das Dorf Wau'us, das ihnen zufolge vier oder fünf Kilometer östlich von Hope liegt. Eine Version vom unteren Fraser verleiht der Schwester größeres Gewicht. Zu Beginn der Erzählung lebt sie allein mit ihrem Bruder; als sie die Maske emporzieht, welche die Geister des Sees an ihren Angelhaken hängen, glaubt sie zunächst, einen Fisch gefangen zu haben; beim Anblick der Federn bekommt sie Angst und rennt davon. Ihr Bruder schickt sie zurück, sie beginnt von neuem, nimmt schließlich die Maske an sich, hüllt sie in eine Decke und legt sie in ihren Korb. Ihr Bruder trägt sie bei bestimmten Tänzen zur Schau. Fortan wird die Maske vererbt oder durch Heirat erworben, aber es kommt auch vor, daß sie während der Kriege geraubt wird, was keine großen Folgen hat, da die Fremden die Gesänge und Tänze nicht kennen, welche die Masken wirksam machen.
An der Mündung des Harrison-Flusses sowie am unteren Fraser erzählt man, daß der erste Vorfahre zwei Söhne und zwei Töchter hatte. Die letzteren gingen jeden Morgen fischen. Eines Tages zogen sie an ihrer Angelschnur etwas Schweres aus dem Wasser und erblickten die hervortretenden Augen und Federn der Swaihwé (hier *sqoâêquoé* genannt). Sie riefen ihren Vater herbei; das übernatürliche Wesen verschwand, ließ jedoch seine Maske und sein Kostüm zurück. Die Abkömmlinge dieser Familie nahmen sich Frauen aus fremden Stämmen, und so kam es, daß das Tragen der Maske sich verbreitete.[2]

Südlich der Grenze zwischen Kanada und den Vereinigten Staaten nennen die Lummi aus dem Staat Washington die Maske Sxoaxi und geben ihr eine etwas andere Form: ein dikkes Gesicht, in dessen Mund ein oder zwei Vorderzähne fehlen, so daß der Träger durch die Lücke ein bißchen sehen kann. Ein Rabenkopf mit nach unten gerichtetem Schnabel ersetzt die Nase; nach oben verlängert er sich zu einer menschlichen Form, deren runder Kopf die Maske überragt, mit dünnen Stäbchen gespickt, an die man Schwanenflaum geklebt hat. Der bis zum Gürtel nackte Tänzer trug einen Rock aus Wildziegenwolle, Beinkleider aus Schwanenbälgern und hielt ein Sistrum des bereits beschriebenen Typus in der Hand (S. 19). Wer immer sich die Maske widerrechtlich aneignete, dessen Gesicht würde sich mit Geschwüren überziehen. An den Tänzen beteiligte sich ein zeremonieller Clown. Er trug eine Maske, die auf einer Seite rot, auf der anderen schwarz war, einen schiefen Mund und zerzauste Haare hatte. Die Zuschauer durften bei seinem Anblick nicht lachen, sonst hätten sie ebenfalls Geschwüre bekommen, am Körper und in den Atemwegen. Dieser Clown verfolgte die maskierten Tänzer und versuchte vor allem, ihnen die Augen auszustechen (vgl. oben, S. 21), die auch hier stark hervortreten.

Die Sxoaxi-Masken erschienen anläßlich der profanen Zeremonien wie der Potlatch-Feste. Ausgeschlossen waren die Tänzer, die die Gunst eines Schutzgeistes erlangt hatten, aus Furcht, dieser könnte, wenn er sich bei unpassender Gelegenheit zeigte, der Zeremonie ihren Charakter nehmen. Der Ursprungsmythos verdient besondere Aufmerksamkeit.

Ein Knabe, der keine Mutter mehr hatte, bereitete sich auf die Initiation vor. Sein Vater behandelte ihn streng, erlegte ihm vielerlei Prüfungen auf und verbot ihm sogar, sich seiner einzigen Schwester zu nähern. Voller Mitleid suchte diese ihn heimlich auf; sie versprach ihrem Bruder, ihn bei seiner nächsten Prüfung zu begleiten, um ihm bei der Suche nach Nahrung behilflich zu sein. Sie gab ihm Farnwurzeln, doch bei der Rückkehr fühlte der Knabe sich unwohl; sein Vater, der Ungehorsam witterte, jagte ihn davon und prophezeite ihm einen baldigen Tod.

Der Held ging aufs Geratewohl los, und sein Körper überzog sich mit Geschwüren. Im Bewußtsein seines sicheren Todes beschloß er, so weit zu laufen, daß man seine Leiche nicht finden würde. Eines Tages rastete er, erschöpft und krank, an einem Bach. Zwei Männer, der eine rot, der andere schwarz bemalt, erschienen ihm im Traum und weissagten ihm, daß er am nächsten Tag zwei Lachse finden werde, einen roten und einen schwarzen. Er solle sie nach den Riten zubereiten, kochen und auf eine Lage Stinkkohl *(Lysichiton)* legen, aber allen Gelüsten, sie zu essen, widerstehen. Dann werde er keinen Hunger leiden. Dieses zweifarbige Paar Lachse, die den Helden herausfordern, erinnert natürlich an den Tänzer, der eine auf der einen Seite rote, auf der anderen schwarze Maske trägt und auf seine Weise die Träger der Sxoaxi-Masken herausfordert (oben, S. 28). Doch es fehlt an Hinweisen, um diese Spur weiter zu verfolgen. Kehren wir also zu der mythischen Erzählung zurück.

Der Held hielt sich streng an die Vorschriften seiner nächtlichen Besucher; aus seinen Wangen und seiner Brust krochen Frösche und sprangen auf die Lachse. In der folgenden Nacht erschienen die beiden Männer abermals; sie befahlen ihrem Schützling, dem Lauf eines Sturzbachs zu folgen, der sich durch das Gebirge grub. Er ließ sich von der Strömung bis zu einer großen Behausung tragen, an deren Wänden Tanzkostüme hingen. Ein Greis hieß ihn willkommen, entschuldigte sich dafür, daß er ihm hier und jetzt nichts mitgeben könne. Er solle in sein Dorf zurückkehren, sein Haus reinigen und zwei Körbe flechten. Am nächsten Tag, so fuhr sein Gastgeber fort, solle sich die Schwester des Helden drei Haarsträhnen abschneiden, sie aneinanderknoten und wie eine Angelschnur auswerfen.

Die Schwester tat, wie ihr geheißen, und zog sie an, als sie ein

Gewicht daran spürte. Man vernahm dumpfe Geräusche aus der Tiefe des Wassers; das junge Mädchen holte eine Maske ein, die sie abscheulich fand und an der zwei Sistren hingen. Dann fischte sie eine zweite Maske; ihr Bruder legte jede in einen Korb. Als es Nacht geworden war, stimmte er vor dem versammelten Dorf den Gesang der Masken an, die er von kräftigen, aus seiner nächsten Verwandtschaft ausgewählten Knaben tragen ließ (oben, S. 26). Nach und nach verdingten ihn verschiedene Dörfer, damit er die Masken bei ihren Zeremonien zur Schau stelle, und er wurde sehr reich.

Im Unterschied zu den Insel-Versionen haben die des Kontinents also eine klare, durchkonstruierte Handlung. Doch wir sehen auch, daß die offenkundige Inkohärenz der ersteren auf der Tatsache beruht, daß sie sich darauf beschränken, alle ihre Episoden umzukehren, und daß sie eine andere Handlung erfinden müssen, die es erlaubt, sie aneinanderzureihen, auch wenn dadurch ihre Reihenfolge verändert und das transformierte Bild einer Episode, deren ursprüngliche Form am Anfang stand, ans Ende der Erzählung plaziert werden muß.
Diese Manipulation ist bereits beim ersten Ursprung der Masken zu erkennen, der ihnen jeweils zugeschrieben wird. In den Fraser-Versionen muß man sie mühselig ihrem Unterwasserdasein entreißen und an Land ziehen; in den Insel-Versionen fallen sie spontan, ohne äußere Eingriffe vom Himmel. Auch wenn der Ankunftsort, der Erdboden, derselbe bleibt, kommen sie im einen Fall aus dem Himmel, also von oben, im anderen Fall aus der chthonischen Welt, welche die Mythen auf dem Grund des Wassers ansiedeln. In allen Einzelheiten bewahren die Insel-Versionen wie die der kontinentalen Küste dieselbe Inversionsbeziehung untereinander. Bei den einen steht im Vordergrund der Handlung das Verhältnis zwischen Ehemann und Ehefrau, bei den anderen das zwischen Bruder und Schwester. Der Eingangsepisode der Küsten-Mythen bezüglich des

kranken und unheilbaren Sohns einer Mutter (eine Version präzisiert, daß der Vater tot ist), der aufgrund seines Gestanks fern gehalten wird und sich ins Wasser stürzt – also von oben nach unten geht (vertikale Achse) – entsprechen in den Insel-Versionen einerseits die faule und untaugliche Tochter eines Vaters (über die mütterliche Herkunft sagen die Mythen nichts), die in die Ferne zieht, um einen Gatten zu finden (horizontale Achse), andererseits der dritte vom Himmel gefallene Vorfahre, der fern gehalten wird aus Furcht, der Lärm seines Sistrums oder sein Körpergeruch könne die Fische vertreiben. Einzig die Lummi-Version verficht die Vater-Sohn-Beziehung, indem sie präzisiert, daß die Mutter tot ist, jedoch zum Preis einer Inversion, welche diese Variante des Kontinents allen anderen entgegensetzt. Denn hier wird der Held krank, *infolge* seines Ungehorsams, und dieser ist die *Ursache* seines Exils, während er sonst freiwillig ins Exil geht *aufgrund* seiner Krankheit.

In den Insel-Versionen heiratet das faule Mädchen die erste Maske; doch sie beraubt diese der Fähigkeit, ein Vorfahre zu werden, da alle aus ihrer Vereinigung hervorgegangenen Kinder in zartem Alter sterben. In den Versionen des Kontinents hingegen heiratet der kranke Jüngling die Tochter des Häuptlings der Wassergeister, der ersten Maske, und heilt auch alle anderen, die aufgrund seiner Heirat und der wiederhergestellten Gesundheit Vorfahren werden können. Woraufhin die Heldin der Insel-Versionen zu ihrem Vater, der Held der Versionen des Kontinents zu seiner Mutter zurückgeschickt wird. Die erste Maske der Insel-Versionen heiratet nun eine nahe Verwandte, die keine Schwester ist, während der Held in den Mythen des Kontinents seine Schwester umwirbt, mit der ihn, besonders in der Lummi-Version, eine fast inzestuöse Vertrautheit verbindet. Diese übermäßige Vertraulichkeit entspricht der sexuellen Ausschweifung, deren sich in den Insel-Versionen einer der Protagonisten mit seiner Frau schuldig

macht, obwohl diese beiden Arten der Annäherung im einen Fall vom Vater des Helden, im anderen vom Bruder des betroffenen Individuums verboten worden waren.
Nun erklärt sich auch der absonderliche Fischfang, mit dem die Insel-Versionen so plötzlich enden. Da sie den Ursprung der Masken an den Anfang statt ans Ende der Erzählung stellen und die Masken vom Himmel fallen lassen, anders als in den Versionen des Kontinents, wo sie aus der Tiefe des Wassers gezogen werden, wissen sie buchstäblich nicht, wie sie aufhören sollen. Sie brauchen einen Schluß; doch wiewohl notwendig, kann der Schluß der kontinentalen Versionen nur noch in der paradoxen Form eines Fangs außerhalb des Wassers von Fischen fortbestehen, die sich anstrengen, einen Wasserfall hinaufzusteigen, und in geflochtene Reusen fallen. Diese Handlung ist das genaue Gegenstück des Fangs von Masken, die sich in der Tiefe des Wassers befinden und in speziell zu diesem Zweck angefertigte Körbe gelegt werden. So ergeben sich zwei symmetrische Schlüsse: im einen angeln Menschen Masken, die im Wasser sind, um sie in Körbe zu legen; im anderen fertigen übernatürliche Wesen, Prototypen der Masken, Körbe, die sie in der Luft aufhängen – gemäß einer Fangtechnik, die für diesen Sonderfall erdacht wurde –, um darin Fische zu fangen, die eine ganz spezielle Gymnastik aus dem Wasser geschleudert hat.
Aus dieser Analyse ergeben sich zwei Schlußfolgerungen. Zunächst stellen wir fest, daß es einfacher ist, die Versionen des Kontinents in die Insel-Versionen zu transformieren, als umgekehrt. Denn die Versionen des Kontinents sind logisch konstruiert, was für die Insel-Versionen nicht zutrifft, die erst dann eine aus der anderen abgeleitete Logik gewinnen, wenn man sie als das Ergebnis einer Transformation interpretiert, deren ursprüngliche Form die ersteren veranschaulichen. Daraus folgt, daß die kontinentalen Versionen für ursprünglich und die der Inseln für abgeleitet gelten müssen, was die Ansicht der Spezia-

listen dieser Region bestätigt, die den Ursprung sowie das Verbreitungszentrum der Swaihwé-Masken am mittleren Fraser ansiedeln, aber recht verschwommene Argumente dafür anführen, die weit weniger überzeugen als diejenigen aus dem soeben angestellten Vergleich. Die strukturale Analyse kehrt der Geschichtswissenschaft also keineswegs den Rücken, sie leistet vielmehr einen Beitrag zu ihr.

Nach diesen Feststellungen ist der hybride Charakter einer Squamish-Version anzuführen, deren Hauptanliegen darin zu bestehen scheint, einer einstigen Wanderung von der Küste zu den Inseln Rechnung zu tragen.
Zu Anfang der Zeiten, als es noch sehr wenige Menschen auf der Erde gab, vernahmen zwei Brüder Lärm auf dem Dach des Hauses. Es war ein Mann, der tanzte und eine Sxaixi (das Squamish-Wort für Swaihwé)-Maske trug. Sie forderten ihn auf, herunterzusteigen, doch der Mann weigerte sich und tanzte weiter. Schließlich willigte er ein und behauptete sofort, daß er der Älteste sei. »Nein«, sagten die Brüder, »du bist der Jüngste, wir waren schon vor dir hier.« Woraufhin der Mann erneut zu tanzen begann und nicht aufhören wollte. Die wütenden Brüder vertrieben ihn flußabwärts bis zu einer Bucht. Dort heiratete der Unbekannte eine Frau, die er irgendwo gefunden hatte, und sie bekamen viele lebhafte und energische Nachkommen. Die Robben suchten zuweilen ein Felsenriff in der Nähe ihres Dorfes auf. Wenn diese Tiere bellten, liefen die Bewohner des ursprünglichen, von der Küste weiter entfernten Dorfes herbei; doch vergeblich, denn ihre Rivalen, die sich in unmittelbarer Nähe befanden, hatten bereits alle getötet. Dieser Zustand wurde immer schlimmer, und bei den ersten Bewohnern herrschte Hungersnot.
Unter ihnen lebte ein Zauberer, der eine List ersann. Monate, vielleicht Jahre brachte er damit zu, eine künstliche Robbe herzustellen. Als sie im Fluß auftauchte, täuschten die Leute fluß-

aufwärts vor, sich auf die Jagd zu begeben. Die Leute flußabwärts, durch die Umtriebe aufgeschreckt, wollten das falsche Wild als erste harpunieren, das sie immer weiter flußaufwärts zog. Dann schwamm es wieder flußabwärts und zog die am Seil der Harpune hängenden Männer mit sich und in ihrem Gefolge die Frauen und Kinder, die ihr Bündel geschnürt und sich eingeschifft hatten. Der hölzerne Seehund steuerte auf die große Insel zu. Einige Familien, deren Männer unterwegs das Seil losgelassen hatten, strandeten auf der Insel Kuper (ganz in der Nähe der Insel Vancouver, gegenüber der Fraser-Mündung). Diejenigen, die durchhielten, kamen in Nanoose an (etwas nördlicher, an der Küste der Insel Vancouver). Aus diesem Grunde sind die Squamish der kontinentalen Küste mit den Leuten befreundet, die auf der anderen Seite der Meerenge wohnen.

Diese Version bestätigt unsere Interpretation. Sie spielt zwischen dem Kontinent und der Insel und wählt daher stets Mittelwerte. Statt vom Himmel zu fallen oder aus der Tiefe eines Sees emporzutauchen, erscheint die erste Maske auf dem Dach eines Hauses: in halber Höhe zwischen dem Oben und dem Unten und an eben der Stelle, wo in den »aquatischen« Versionen der Held landet, wenn er den Geistern des Sees einen unfreiwilligen Besuch abstattet (oben, S. 25). Sie wird von zwei Brüdern empfangen, einem nicht ausgeprägtem Paar, in dem sich der ausgeprägte Gegensatz zwischen einem Ehemann und einer Frau oder einem Bruder und einer Schwester neutralisiert. Wiewohl diese Maske noch einen relativ himmlischen Ursprung hat, ist sie nicht der erste Vorfahre, da die Brüder und ihre Mitbürger bereits auf der Erde leben und eine bedeutsamere Rolle spielen als das eine Individuum, das die Insel-Versionen als ersten Erdbewohner vorstellen. Schließlich wird auch der Gegensatz zwischen der horizontalen und der vertikalen Achse neutralisiert, da die Maske lediglich vom Dach eines Hauses herabsteigt und da eine Robbenjagd, die sich ausschließlich auf der Oberfläche des Meeres abspielt, ein Angeln in chthonischen Abgründen ersetzt.

Kommen wir nun zum zweiten Punkt. Wir sahen, daß die Schlußepisode beim Übergang von den kontinentalen Versionen zu den Insel-Versionen die Masken durch Fische ersetzt (oben, S. 32). Fische waren sie freilich schon in den Versionen des Kontinents, zwar nicht im wörtlichen, aber im übertragenen Sinn, da man sie mit der Angel fischt. Und haben die Masken nicht gerade deshalb eine weit heraushängende Zunge, weil sie im wörtlichen wie im übertragenen Sinn mit Fischen verglichen werden? In einem Mythos der Cœur d'Alêne, also ebenfalls der Salish, jedoch aus dem Innern, ist von einem Wassergeist die Rede, der von einer Frau geangelt wurde, die seine Zunge für einen Fisch hielt. In Umkehrung dieser Analogie – ein Vergleich mehr oder weniger weit voneinander entfernten Mythen bestätigt häufig diese Art der Transformation – kennen die Clackamas-Chinook des unteren Columbia-Flusses einen Menschenfresser, der »Zunge« heißt, aufgrund seiner alles verschlingenden, feurigen Zunge, die Fische mit scharfen Flossen durchschneiden. Diese Fische sind wahrscheinlich Drachenköpfe *(Scorpaenidae)*, denen wir später erneut begegnen werden (unten, S. 50). Von den Salish der Insel Vancouver stammt eine Skulptur, die eine Swaihwé-Maske darstellt und bei welcher der Teil, den anderswo die Zunge einnimmt, das geschnitzte Bild eines Fisches zeigt; während im Landesinnern, von den Lilloet bis zu den Shuswap, ein Glaube an Wassergeister vorherrscht, die halb Mensch, halb Fisch sind. Alle diese Hinweise deuten auf eine doppelte Affinität der Swaihwé-Masken mit den Fischen hin: eine metaphorische, da die große heraushängende Zunge, eines ihrer Hauptmerkmale, einem Fisch ähnelt, mit dem man sie verwechseln kann; und eine metonymische, insofern man sie fischt und man die Fische an der Zunge fängt: »Das weibliche Wasserungeheuer«, erzählt ein anderer Cœur d'Alêne-Mythos, »blieb dort liegen, mit dem Angelhaken im Maul . . .«

Unter anderen Salish des Innern erwähnten wir soeben die Lilloet. Es läßt sich nicht kategorisch behaupten, daß ihre *säinnux* genannten Masken den Swaihwé-Masken ihrer Nachbarn am Fraser entsprachen, da uns kein einziges Exemplar von ihnen überliefert ist. Doch scheint dies wahrscheinlich zu sein, wenn man einerseits an die geschnitzten Pfähle denkt, die im Territorium der Lilloet gefunden wurden und auf denen man ohne weiteres Swaihwé-Masken erkennt, und sich andererseits der Tatsache erinnert, daß ebenso wie diese letzteren auch die *säinnux* genannten Masken das Privileg besonderer Linien waren, die sie bei den Potlatch-Festen trugen, und daß sie Wesen darstellten, die halb Mensch, halb Fisch waren. Aber trotz einigen Analogien weicht ihr Ursprungsmythos von den anderen ab: Besuch bei übernatürlichen Wesen, Bewohnern einer unterirdischen Welt, Freunde des Wassers und mächtige Zauberer. Doch statt daß der Held, der ihnen einen unfreiwilligen Besuch abstattet, sie krank macht, dann heilt und zum Dank eine Gattin erhält, sind es hier die Wassergeister, welche die jungen Männer, die in der Hoffnung gekommen waren, ihre Töchter zu heiraten, an einer Krankheit sterben lassen. Einem dieser Jünglinge, der magische Kräfte besaß, gelang es schließlich, die Gunst seiner Gastgeber zu erwerben und mit Hilfe seiner glänzenden und zarten Haut zwei Schwestern zu verführen. Er ist also das genaue Gegenteil eines Leprakranken, auch wenn er sich später in einen gebrechlichen Greis verwandelt, den eine seiner beiden Gattinnen, die ihm als einzige treu geblieben ist, in einem Korb herumträgt.

Anderen Aspekten der Ursprungsmythen der Swaihwé-Masken begegnen wir unverändert bei den Lilloet wieder, wo sie jedoch den Ursprung des Kupfers betreffen. Bekanntlich schätzten die Völker dieses Teils der Erde dieses Metall außerordentlich. Einst erwarben sie es durch Tausch von den nördli-

Holzskulptur aus der Insel Vancouver: Swaihwé mit einer Zunge in Form eines Fischs (vgl. S. 35).

chen Stämmen, die es sich von Indianern der Athapaskan-Sprachfamilie besorgten, welche es in gediegenem Zustand abbauten. In historischer Zeit führten die Seefahrer und Handelsleute das Kupferblech ein, welches das andere rasch verdrängte.

Eine Großmutter und ihr Enkelsohn, so erzählen die Lilloet, waren die einzigen Überlebenden einer Epidemie. Da das Kind unaufhörlich weinte, bastelte ihm die Alte aus ihren Haaren eine Angelschnur zum Spielen und befestigte als Köder einen Haarknäuel am Haken. So ausgerüstet, fischte der junge Held das erste Kupfer, einen Talisman, der ihn zu einem guten Jäger machte. Seine Großmutter trocknete das Fleisch, gerbte und nähte die Häute; sie wurden reich. Der Held beschloß, auf Reisen zu gehen. Er machte Bekanntschaft mit den Squamish, lud sie und andere Stämme ein. Vor seinen Gästen sang und tanzte er, zeigte sein Kupfer vor und verteilte die angehäuften Reichtümer. Zwei Häuptlinge gaben ihm ihre Töchter zur Frau; als Gegenleistung erhielten sie Kupferstücke. Der junge Mann und seine Frauen bekamen viele Kinder, vor allem Söhne, denen andere Häuptlinge ihre Töchter gaben und ebenfalls Kupfer dafür erhielten. Auf diese Weise verbreitete sich das Metall bei allen Stämmen. Die welches besaßen, erachteten es als ein sehr kostbares Gut, von dem sie sich nicht trennen mochten, denn dieses seltene Material verlieh ihnen viel Prestige.

Dieser Mythos schreibt also dem Kupfer denselben aquatischen Ursprung zu, den andere Mythen der Swaihwé-Maske zuschreiben. Das eine wird aus dem Wasser gefischt wie die andere, und ihr Besitz führt gleichermaßen zu Reichtum. Kupfer und Maske verbreiten sich beide durch Eheschließungen zwischen fremden Gruppen, nur mit dem Unterschied, daß die Zirkulation nicht in derselben Richtung stattfindet: die Swaihwé-Maske geht von der Frau zum Ehemann und ihrer beider Nachkommen, während das Kupfer vom Ehemann zum Vater der Frau geht, also zu einem Vorfahren. Es scheint, als ob der Mythos vom Uprsprung der Swaihwé-Masken beim Übergang von den Fraser-Stämmen zu den Lilloet gleichsam gespalten würde: zum Teil begegnen wir ihm im Ursprungsmythos der Säinnux-Masken wieder, die wahrscheinlich mit dem Swaihwé identisch sind; zum anderen Teil im Ursprungsmythos des Kupfers, einer metallenen Substanz, die offensichtlich keine Beziehung zu den Masken hat, obwohl sie in ökonomischer und soziologischer Hinsicht dieselbe Funktion erfüllt, abgesehen von der Richtung, in welcher die Geschenke zirkulieren.

Ein Skagit-Mythos erzählt dieselbe Geschichte wie die Mythen des Fraser über den Swaihwé, mit dem Unterschied, daß die übernatürlichen Geister, die in der Tiefe des Wassers hausen, ihren Besuchern keine Masken schenken, sondern die »Reichtümer der vier Himmelsrichtungen«, Güter vergleichbar denen, die andernorts sei's die Maske, sei's das Kupfer verschafft. Die Kwakiutl, am anderen Ende des Verbreitungsgebiets der Swaihwé-Masken, haben einen Mythos über einen Knaben namens He'kîn. Da er immerfort krank und seine Haut mit Geschwüren überzogen ist, zieht er sich auf den Gipfel eines Berges zurück, um den Tod zu erwarten. Dort heilt ihn eine Kröte mit einer magischen Salbe, schenkt ihm eine verzierte Kupferplatte (jene merkwürdigen Objekte, welche die Kwakiutl und ihre Nachbarn als ihren kostbarsten Besitz betrachteten und die in den sozialen, ökonomischen und rituellen Transaktionen eine so große Rolle spielten) und gibt ihm den Namen Kupfermacher, Laqwagila. Der Held kehrt zu den Seinen zurück, seine Schwester begrüßt ihn und beglückwünscht ihn zu seinem neuen Aussehen. Er macht ihr das Kupfer zum Geschenk, »damit sie es ihrem künftigen Gatten als Mitgift bringe«. Ungeachtet der Umkehrung des Orts, an dem der Held den Tod sucht (Berggipfel statt tiefer See) ordnet dieser Mythos dem Ursprung des Kupfers dieselbe Handlung sowie mehrere der Details zu, die uns in den Ursprungsmythen des Swaihwé signifikant erschienen sind, insbesondere die Rolle der Schwester. Sogar die hilfreiche Kröte tauchte bereits in diesen Mythen auf, in Gestalt der Frösche, die in der Lummi-Version aus dem Körper des Helden kriechen und ihn von seiner Krankheit befreien. Dieser Batrachier spielt auch in einer bereits erwähnten Version des unteren Fraser eine Rolle (oben, S. 25 f.), obwohl wir diese Episode nicht weiter verfolgt haben: als der Held am Ufer des Sees innehält, in dem er sich ertränken will, fischt er zuerst einen Lachs und brät ihn; doch in dem Augenblick, da er ihn essen will, findet er an seiner Statt einen Frosch. Dieser Schicksalsschlag gibt ihm den Rest, und er führt sein Vorhaben aus. Da er sich ins Wasser stürzen mußte, um den Geistern zu begegnen, die ihn heilen und ihm die Masken schenken, dürfen wir behaupten, daß der dem Lachs unterschobene Frosch die indirekte Ursache seines Glücks ist. Ebenso befreien ihn in der Lummi-Version die Frösche von ihrer unheilvollen Gegenwart, im Tausch, so könnte man sagen, gegen seinen Verzicht auf die beiden Lachse, auf welche die Batrachier springen, so als wollten sie sich ihnen einverleiben oder an ihre Stelle treten (oben, S. 29). Der Kwakiutl-Mythos sowie die der Salish stellen dieselbe Korrelations- und Gegensatzbeziehung zwischen Kröte oder Frosch und Lachs her und geben dem Batrachier dieselbe Rolle in einer Geschichte, die sich sei's auf den Erwerb des Kupfers, sei's des Swaihwé bezieht.

Aus dem Vorstehenden ergeben sich einige vorläufige Schlußfolgerungen. Wir haben bestimmte unveränderliche Merkmale der Swaihwé-Masken beleuchtet, die wir sowohl unter ihrem plastischen wie ihrem mythischen Aspekt betrachteten. Zu diesen unveränderlichen plastischen Merkmalen gehören auch die weiße Farbe des Kostüms, die von der häufigen Verwendung von Schwanenfedern und Flaum herrührt, die heraushängende Zunge sowie die hervortretenden Augen der Masken; schließlich die Vogelköpfe, die zuweilen die Nase ersetzen oder den Kopf krönen. Wenn wir uns nun auf den soziologischen Standpunkt stellen, erkennen wir, daß der Besitz oder die Mitwirkung der Masken den Erwerb von Reichtümern begünstigten; daß sie beim Potlatch und anderen profanen Zeremonien in Erscheinung traten, bei den heiligen Winterriten jedoch ausgeschlossen waren; daß sie Eigentum einiger vornehmer Linien waren und durch Erbschaft oder Heirat weitergegeben wurden. Semantisch gesehen, lassen die Mythen schließlich eine doppelte Affinität der Swaihwé-Masken erkennen: einerseits zu den Fischen, andererseits zum Kupfer. Ist es möglich, den Grund für diese verstreuten Züge zu erfassen und sie zu einem System zu verschränken? An dem Punkt, an dem wir angelangt sind, stellen uns die Swaihwé-Masken vor dieses doppelte Problem.

III

Auf der Insel Vancouver grenzten die Salish-Sprachgruppen im Westen an die Nootka, im Norden an die Kwakiutl. Diese Nähe erklärt, daß die beiden Völker die Swaihwé-Masken und sogar ihren Namen von den Salish entlehnt haben, der in der Kwakiutl-Sprache *xwéxwé* oder *kwékwé* heißt. Die realistischer gestalteten Nootka- und Kwakiutl-Masken stellen ein Gesicht mit grimmigem Ausdruck dar, bewahren jedoch alle Merkmale des Swaihwé. Einige Exemplare der Kwakiutl sind weiß angemalt und weisen am oberen Teil stilisierte Motive auf, die an die Federn erinnern, welche die gleichen Masken bei den Salish schmücken. Und die Xwéxwé-Masken sowohl der Nootka wie der Kwakiutl haben eine heraushängende Zunge, hervortretende Augen und Auswüchse in Form von Vogelköpfen, die zuweilen noch willkürlicher verteilt sind. Die Tänzer trugen das gleiche Sistrum wie der Swaihwé. Es steht außer Zweifel, daß es sich um ein und dieselbe Maske handelt, ausgeführt in einem weniger hieratischen, lyrischeren und ungestümeren Stil.

Die Kwakiutl verbanden die Xwéxwé-Masken mit den Erdbeben: »Ihre Tänze«, schreibt Boas, »standen im Geruch, die Erde erbeben zu lassen, ein sicheres Mittel, den Hamatsa zurückzubringen«, d. h. den frisch Initiierten in die höhere Bruderschaft, die der »Kannibalen«. Im Verlauf der Initiation floh der wild und blutrünstig gewordene Novize in die Wälder, und es galt, ihn zur Rückkehr zu bewegen, um ihn wieder in die Dorfgemeinschaft einzugliedern. Diese Verbindung zwischen Xwéxwé (oder Swaihwé) und Erdbeben ging bereits aus den Salish-Mythen hervor (oben, S. 22 f., 30) und wirft ein seltsames Licht auf die Symbolik der Sistren, mit denen die Tänzer ausge-

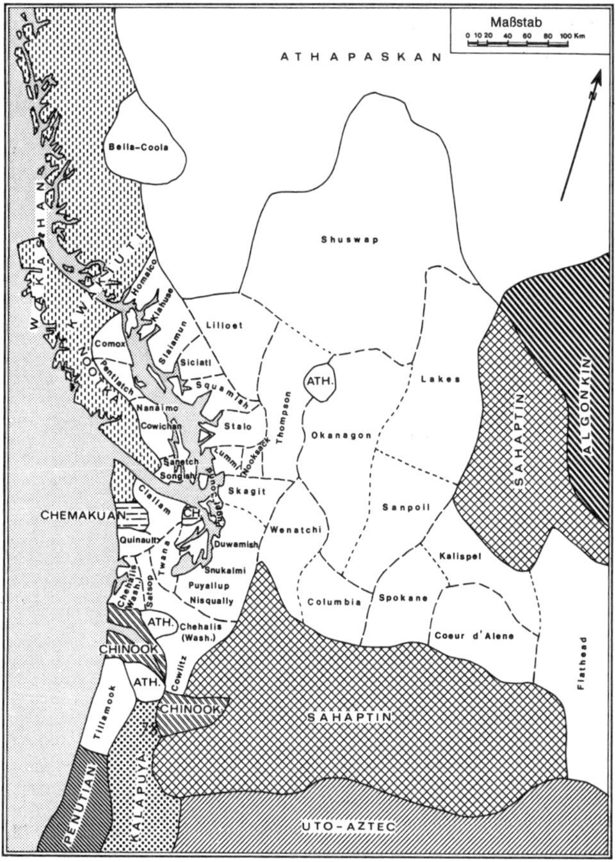

Verteilung der Stämme

rüstet sind, sowie auch auf die mit Flaumkugeln verzierten bebenden Stäbchen, die aus den Salish-Masken ragen. In *Vom Honig zur Asche* haben wir darauf hingewiesen, wie Plutarch die Rolle der Sistren bei den alten Ägyptern erklärt: »Das Sistrum ... gibt zu verstehen, daß die Dinge sich schütteln müssen und niemals aufhören dürfen, sich zu bewegen, gleichsam aufwachen und sich aufrütteln müssen, so als würden sie einschlafen und vor sich hin träumen.« Das Sistrum war ein Symbol des Gottes mit den zusammengewachsenen Schenkeln, »der sich aus Scham in die Einsamkeit zurückzog; aber ... Isis schnitt sie auseinander, so daß er aufrecht und bequem gehen konnte.« Das erinnert an den Helden, den in den Ursprungsmythen der Swaihwé-Masken die Krankheit zum Krüppel macht, desgleichen – wie wir an anderer Stelle betonten – an den Demiurgen der Karaja-Indianer, der gefesselt wurde, damit er nicht, wenn er sich ungehindert bewegte, die Erde zerstöre. Dem Zeugnis von Gloria Cranmer Webster zufolge, gebürtige Kwakiutl und Konservatorin im anthropologischen Museum von Vancouver, wollten die Xwéxwé-Masken, hatten sie einmal zu tanzen begonnen, nicht mehr aufhören; man mußte sie mit körperlicher Gewalt dazu zwingen (vgl. oben, S. 33). Sie hinderten auch die Kinder daran, sich der Geschenke (in jüngerer Zeit Geldstücke) zu bemächtigen, die während des Schauspiels in die Menge geworfen wurden. Wir kommen auf dieses Detail noch zurück (unten, S. 49), das um so interessanter ist, als die Lummi, am anderen Ende des Verbreitungsgebiets der Swaihwé, ihre Maskenträger unter den kräftigsten Männern auswählten, in der Hoffnung, sie würden sehr lange tanzen können. Diese Athleten machten schließlich der Person Platz, der zu Ehren das Fest gegeben wurde; diese verteilte die Geschenke in der Runde, aufmerksam beobachtet von den jüngsten Anwesenden, die auf ein Handgemenge lauerten, um sich ihrer zu bemächtigen.

Zur Erklärung des Ursprungs der Masken besaßen die Kwa-

kiutl zwei verschiedene Arten von Erzählungen: rein mythische und mehr legendäre. Die letzteren, die im großen und ganzen der historischen Wahrheit entsprechen, beziehen sich auf Eheschließungen mit den Comox, einem Salish-Volk, das an die südlichen Kwakitul der Insel Vancouver grenzte. Eine dieser Legenden beginnt zu der Zeit, da ein Häuptling aus der Gegend von Fort Rupert, dem Territorium der Untergruppe der Kwagiutl, durch seinen Herold verkünden läßt, daß er beabsichtige, die Tochter des Comox-Häuptlings zu heiraten. Alsbald nach dieser Ankündigung schiffte er sich mit einer starken Truppe ein. Die Comox empfingen ihn herzlich, nahmen die Heiratsgeschenke entgegen, mit denen die beiden Boote angefüllt waren, und die Braut packte ihre Sachen zusammen. Da hörte man eine Art Donnern, während die Muschel-Sistren ertönten; vier maskierte Personen tauchten auf und begannen zu tanzen. Während des folgenden Festmahls aßen die Kwakiutl zum ersten Mal Cama (Liliengewächse mit eßbarer Knolle). Der Comox-Häuptling befahl, die Masken zu »befrieden«, und machte sie dann seinem Schwiegersohn zum Geschenk. Dieser erhielt auch einen neuen Namen sowie zwanzig Kisten voll Camas, mit denen er bei seiner Rückkehr seine Angehörigen bewirtete. Dann ließ er die Swaihwé-Masken tanzen. Seine Frau gebar ihm drei Kinder, doch nach der Geburt des vierten trennten sich die Ehegatten; die Frau kehrte mit zwei ihrer Kinder in ihr Heimatdorf zurück; ferner durften die Comox einige Kwakiutl-Tänze des Winterzeremoniells mitnehmen. Die beiden Kinder trugen Kwakiutl-Namen, die somit zum ersten Mal bei den Comox »einzogen«.
Eine andere Legende betrifft zwei Comox, die sich zu den Kwakiutl begaben in der Hoffnung, für ihren Sohn und Enkel eine Gattin zu bekommen. Der Bewerber wurde angenommen, erhielt einen neuen Namen (den des väterlichen Großvaters des Mädchens), gab seinen neuen Verwandten einen Potlatch und bekam als Geschenk die Maske des Sisiul, einer

zweiköpfigen Schlange, deren Tanz er nun seinen Comox-Verwandten vorführen konnte, die ihn noch nie gesehen hatten. Er selbst ließ sich bei den Kwakiutl nieder, und sein Vater übernahm die Aufgabe, den Comox den Sisiul zu bringen. Seit jener Zeit feiern diese Indianer das Winterzeremoniell, zu dem der Tanz des Sisiul gehört.

In einer dritten Erzählung treten neben den Comox noch zwei durch Eheschließungen miteinander verbündete Kwakiutl-Gruppen auf: die Nimkish der Insel und, ihnen genau gegenüber auf dem Kontinent, die Koeksotenok. Der Nimkish-Häuptling lebte in Xulk, an der Ostküste der Insel. Eines Tages sprach er mit seinem Schwiegersohn über den »guten Tanz« der Comox, d. h. den Swaihwé. Dieser Schwiegersohn hatte einen Bruder, den er dafür gewann, den Comox den Krieg zu erklären, um sich des Tanzes zu bemächtigen. Der junge Mann schiffte sich mit hundert kräftigen Kriegern ein. Als sie das Comox-Land sichteten, vernahmen sie ein Donnern: es waren die Fremden, die »für den Xwéxwé sangen«. Die Truppe ging am anderen Ende der Bucht an Land, von wo aus sie die Tänzer sowie Wolken aus Adlerflaum erblickte, die bis zum Himmel aufstiegen. Nach dem Tanz rückte die Hälfte der Mannschaft vor; die Comox forderten sie auf, Platz zu nehmen, und gaben ihnen ein Fest. Abermals grollte der Donner, und vier Masken tauchten auf, mit Ockerfarbe bemalt und mit Federn bedeckt; jede trug ein Sistrum aus aufgefädelten Kammuschelschalen in der Hand. Der Comox-Häuptling hielt seinen Besuchern eine Ansprache und gab ihnen das Recht, den Tanz zu tanzen, sowie eine Truhe, welche die Maske samt ihrem Zubehör enthielt.

Zwischen den Salish der Insel und den Kwakiutl, sowohl der Insel wie des Kontinents, bestand also ein Netz zwiespältiger Beziehungen, die von Eheschließungen bis zu Kriegen führen konnten. In beiden Fällen waren die Masken sowie die Privilegien, die mit ihnen verbunden sind, die Ursache der Rivalitäten und Tauschgeschäfte, in gleichem Maße wie die Frauen, die Personennamen und die Nahrungsmittel. Die Swaihwé- oder Xwéxwé-Maske, die aus den sakralen Winterriten ausgeschlossen war, geht in diesen Legenden anläßlich einer Kriegsexpedition von den Salish zu den Kwakiutl; im letzteren Fall vollzieht sich die Übertragung in derselben Richtung, welche die geehelichte Frau nimmt. Als integrierender Bestandteil des Winterzeremoniells geht die Sisiul-Maske dagegen von den Kwakiutl zu den Comox, also in die entgegengesetzte Richtung, die auch der Comox-Gatte einschlägt, wenn er sich bei seinen Schwiegereltern niederläßt. Derlei Erzählungen beschwören zweifellos Bräuche, die einst real waren. Andere dagegen gehören offen der Mythologie an.

So zum Beispiel die Geschichte jenes Kwakiutl-Indianers der Nimkish-Gruppe, der aus der bereits erwähnten Stadt Xulk, in der er wohnte, zum Kap Scott am nördlichsten Ende der Insel reisen wollte, um eine Stätte zu besuchen, die ein mythisches Ereignis berühmt gemacht hatte.[3] Am Abend kam er in Gwegwakalis an, einer kleinen Bucht am Fuße des Kaps, baute sich einen Unterschlupf, zündete ein Feuer an, kochte sich ein Abendessen, konnte jedoch keinen Schlaf finden. In der Nacht vernahm er ein dumpfes Grollen, und der Boden erzitterte wie bei einem Erdbeben. Er verließ seinen Schlafplatz, setzte sich nieder und hörte Laute einer Unterhaltung, die aus Axdem auf der dem Kap gegenüberliegenden Küste zu kommen schienen. Er ging zu seinem Lager zurück und schlief ein. Im Traum erschien ihm ein Mann, der ihm befahl, sich zu reinigen, nach Axdem zu gehen und dort, sobald die Erde viermal gebebt habe, in ein zeremonielles Haus einzutreten, das er erblicken würde, sich dort niederzusetzen und die Ereignisse abzuwarten. In der folgenden Nacht kehrte das Traumbild wieder. Während dieser beiden Tage badete der Held, fastete und machte sich dann auf den Weg nach Axdem.

Dort kam er bei einbrechender Dunkelheit an, erblickte ein großes Haus und trat ein. In der Mitte entzündete sich ganz von selbst ein Feuer; bald darauf erschien eine Gruppe von Männern und Frauen, und ein Redner beschwor die Geister. Viermal hintereinander verwandelten sich die Frauen in große rote Fische, deren Zuckungen das Grollen verursachten, das der Held vernommen hatte; dann nahmen sie wieder ihre menschliche Gestalt an. Vier Personen, die Xwéxwé-Masken trugen, tanzten vor ihnen und schwenkten ihre Sistren aus Muschelschalen. Unterdessen sangen die Offizianten:

»Hinweg, ihr Abscheulichen *(bis)*
ihr Abscheulichen mit der hängenden Zunge *(bis)*
ihr Abscheulichen mit den hervortretenden Augen *(bis)*«.

Und immer, wenn die Tänzer abzogen, wurden die Fische wieder zu Frauen.
Der Redner begrüßte den Helden, verlieh ihm den Namen Roter-Fisch und schenkte ihm »übernatürliche Schätze dieser großen Zeremonie«. Der Held verlangte, man möge ihm das zeremonielle Haus in seine Heimat liefern. Ihm wurde geheißen, dorthin zurückzukehren, das Haus sowie sämtliches Zubehör würden folgen. Unser Held kehrte also nach Xulk zurück, hütete vier Tage lang das Bett und rief sodann alle Einwohner zusammen mit der Aufforderung, sich vorher zu reinigen. Am Abend erfuhr er durch das Gemurmel unsichtbarer Wesen, daß sein Haus angekommen war. Zusammen mit seinen Gästen trat er ein. Man hörte es grollen, die Erde erbebte zu vier Malen, die Masken erschienen und tanzten. Der Held zeigte allen Anwesenden die Geschenke, die ihm die Fische gemacht hatten: die vier geschnitzten Pfähle des Hauses, die vier Xwéxwé-Masken, die vier hölzernen Trommeln sowie die gezackten Stöcke, die man an ihnen reibt, um das Grollen zu erzeugen, schließlich die vier Sistren aus Muschelschalen: »All

dies wurde in den Saal gebracht, denn der Held hatte weder Nahrungsvorräte noch irgendwelche Reichtümer von den roten Fischen erhalten. Deshalb sagt man, daß diese Fische geizig sind.«

Eine recht verwirrende Moral, wenn man nicht wüßte, daß die Swaihwé-Masken bei den Salish die entgegengesetzte Eigenschaft haben: sie bereichern diejenigen, die sie besitzen oder sich ihrer Mitwirkung versichert haben. Daß eine Maske, die eine Bevölkerungsgruppe von ihren Nachbarn entlehnt, bei dieser Transaktion ihre Merkmale umkehrt, ist eine aufschlußreiche Tatsache, die uns weiter unten beschäftigen wird. Um so mehr, als es in einer bereits erwähnten Salish-Version (oben, S. 27, Fn. 2) von den beiden Schwestern und ihrem Bruder, die zurückgezogen leben und sich weigern, zu heiraten, d. h. sich nach außen zu öffnen, heißt, sie hätten einen »Magen aus Stein«; nun haben uns aber W. G. Jilek und L. M. Jilek-Aall, vorzügliche Kenner der Salish-Kulturen, mitgeteilt, daß diese Redewendung, die auch in den Gesängen des Swaihwé vorkommt, so wie man ihn heute zelebriert, den Egoisten bezeichnet, der nur an sich selbst denkt und es ablehnt, etwas für andere zu tun und mit ihnen zu verkehren. Dasselbe Merkmal also, das die Kwakiutl ihrer Xwéxwé-Maske zuschreiben, geben die Salish menschlichen Wesen, bis die Maske – der dann die entgegengesetzte Tugend eignet – ihnen erlaubt, sich davon zu befreien. Wir erinnern uns, daß die Xwéxwé-Masken der Kwakiutl ihren schäbigen Charakter noch auf andere Weise zeigen, nämlich indem sie die Kinder daran hindern, die Münzen aufzusammeln, die man ihnen zuwirft (oben, S. 44).

Andererseits bewahren die Salish- und die Kwakiutl-Masken einen gemeinsamen Zug, denn die Zuckungen, welche die Fische befallen – und mit dem unterirdischen Grollen sowie den Erdbeben verknüpft werden –, verweisen unmittelbar auf diejenigen, an denen die Wassergeister der Salish-Mythen leiden, wenn sie von der Spucke des Helden vergiftet werden, sowie auf die Gabe der sie darstellenden Masken, die Krämpfe zu heilen (oben, S. 26). Doch bevor wir einen Weg suchen, uns diesen Problemen zu nähern (denn die direkten Informationen, über die wir verfügen, geben keinen Aufschluß), ist es zweckmäßig, die Identität der Fische näher zu bestimmen, von denen der Mythos spricht, und ihre semantische Funktion herauszufinden.

Diese Fische, die im Englischen gewöhnlich *Red Cod* oder *Red Snapper* heißen, sind keine Kabeljaue, sondern Fische, die an Felsen und in tiefen Gewässern leben, von der Art *Sebastodes ruberrimus* aus der Familie der Drachenköpfe *(Scorpaenidae)*. Wie ihr wissenschaftlicher Name besagt, sind sie rot, doch die Familie enthält auch schwarze oder andersfarbige Arten. Diejenige, die uns interessiert, umfaßt sehr große Exemplare, die mehr als einen Meter lang werden können. Auffallend sind ihre stachligen Flossen und Schuppen, welche die Fischer verletzen können. Es verwundert also nicht, daß die Mythen dieser Region häufig die Dörfer der roten Drachenköpfe erwähnen, schreckenerregender Geschöpfe mit scharfen Flossen und aus dem Körper ragenden Stacheln (oben, S. 35). Ansonsten haben die Fische ein mageres und trockenes Fleisch, das reichlich mit Öl begossen werden muß, was der Verdauung unzuträglich ist, eine Tatsache, welche die Mythen ebenfalls erwähnen, bei der wir uns aber nicht aufhalten wollen. Den Nootka zufolge war der rote Drachenkopf ein mächtiger und gefürchteter Zauberer, der eines Tages seine zwölf jungfräulichen Töchter im Erdofen kochte, um seinen Gast Rabe zu bewirten, und sie gleich darauf wieder auferweckte. Der Rabe wollte ein gleiches tun, als er die Einladung erwiderte, doch seine Töchter starben, und der Drachenkopf sagte, er sei leider nicht in der Lage, sie wieder zum Leben zu erwecken.
Ein Mythos der Tsimshian (nördliche Nachbarn der kontinentalen Kwakiutl) verbindet den roten Drachenkopf mit dem Ur-

sprung des Kupfers. Eines Nachts erschien ein Prinz himmlischen Ursprungs, »in Licht gehüllt«, der eifersüchtig behüteten Tochter eines Häuptlings, die sich nach einem Gatten sehnte. In der folgenden Nacht schickte er seinen Sklaven, um sie zu holen, doch sie irrte sich in der Person und gab sich ihm hin. Der Prinz hielt sich an der jüngeren, hinkenden Schwester schadlos, die er von ihrem Gebrechen heilte. Dann nahm er seine Rache, indem er sich allein des Kupfers bemächtigte: das kostbare Metall befand sich auf dem Gipfel eines unzugänglichen Berges, von wo der Held es mit seiner Schleuder herunterholte. Langsam glitt das Kupfer ins Tal, wo es sich teilte und die bekannten Kupferlager erzeugte. Der Prinz und sein Sklave gerieten später während eines Fischzugs in Streit. Der erste verwandelte den zweiten in einen roten Drachenkopf, dessen Magen ihm jedesmal aus dem Mund quillt, wenn er den Kopf hebt. Die Experten bestätigen, daß ein inneres Organ dieses Fisches bis zu seinem Maul wandert, wenn man ihn aus dem Wasser zieht: der rote Drachenkopf, so sagen die Squamish, »kehrt sich von innen nach außen«. Der Prinz verwandelte auch seine Schwägerin in einen Drachenkopf von der Gattung der sogenannten Blau-Flanken: »der schönste aller Fische, denn er war eine Prinzessin«; dann zog er mit seiner Gattin wieder in den Himmel und ließ auf der Erde ihre beiden Töchter zurück, die sich inzwischen verheiratet hatten. Eines Tages erzählte die Ältere ihrem Mann von dem Kupferlager, das ihr Vater am oberen Skeena geschaffen hatte. Das Paar organisierte eine Expedition, um es zu holen, doch der Plan kam nicht zur Durchführung: man zog es vor, unterwegs anzuhalten, um »den Baum mit den süßen Düften« zu fällen und zu zerkleinern. Die Tochter des Prinzen und ihr Gatte trieben Handel damit und wurden reich. Die jüngere Schwester dagegen forderte ihren Mann auf, nach dem Lachs zu suchen, der sich in Kupfer verwandelt. Er hatte Erfolg, doch die Ausdünstungen dieses »lebendigen Kupfers« vergifteten ihn; er starb. Man beschloß, das Kupfer zu verbrennen, und entdeckte bei dieser Gelegenheit die Schmelzkunst – anders läßt es sich wohl kaum interpretieren. Die Episode ist um so rätselhafter, als man den Indianern der Pazifikküste im allgemeinen die Kenntnis dieser Kunst abspricht: vor der Einführung des Kupferblechs durch die Seefahrer und Kaufleute beschränkten sie sich darauf, das gediegene Metall zu zersägen und zu hämmern. Wie dem auch sei, der Prinz stieg wieder zur Erde herab und erweckte seinen Schwiegersohn zu neuem Leben. Er verkündete, daß das »lebendige Kupfer« gefährlich ist und verbot seinen Gebrauch, außer dem Gatten seiner Tochter und ihren Nachkommen, die, wie er sagte, als einzige »das lebendige Kupfer zu töten und es in kostbare Gegenstände zu verwandeln« verstehen. Und er lehrte sie in der Tat, sich gegen die schädlichen Dämpfe zu schützen. Dank dieser Kenntnisse wurde das Paar märchenhaft reich.

Dieser Mythos, Begründer von Privilegien einer Linie im Hinblick auf die Kenntnis und Bearbeitung des Kupfers, beruht auf einer Reihe von Gegensätzen und Parallelismen. Die Personen verteilen sich auf zwei Gruppen, je nach ihrer letzten, himmlischen oder aquatischen Bestimmung. In dieser Hinsicht reproduzieren die beiden Töchter, Protagonistinnen des zweiten Teils, die beiden Schwestern , Protagonistinnen des ersten Teils, denn die ältere Tochter entdeckt einen luftigen Reichtum, die Düfte des Baums, die jüngere einen aquatischen Reichtum, den Kupferlachs. Von einer Generation zur anderen kreuzen sich folglich die jeweiligen Affinitäten der Jüngeren und der Älteren. Noch weitere Gegensätze sind zu erkennen: zwischen dem Prinzen und seinem Sklaven, der schönen Prinzessin und ihrer verkrüppelten Schwester, dem »toten« Kupfer auf dem Gipfel des Berges und dem »lebendigen« Kupfer im Wasser, dem süßen Geruch des Baums und dem tödlichen Gestank des Kupfers, beides Quellen des Reichtums, usw.

Als Metamorphose einer perfiden und gierigen Person – des Sklaven – befindet sich der rote Drachenkopf auch hier auf der

Seite des Geizes; dieser Fisch steht dem Lachs entgegen, dem lebendigen Kupfer, das seine Besitzer großzügig bereichert, sofern sie sich seiner Gefährlichkeit zu erwehren wissen. Obwohl die Tsimshian die Swaihwé- oder Xwéxwé-Masken nicht kennen, verbinden sie also, innerhalb eines Gegensatzpaares, den roten Drachenkopf – bei den Kwakiutl der Geber der Masken – mit dem Kupfer, das die Salish direkt mit ihnen in Beziehung setzen.

Im übrigen gibt es denselben Mythos, nur andersherum erzählt, bei den Squamish (an der kontinentalen Küste nördlich des Fraser), welche die Maske unter dem Namen *sxaixai* besaßen. Die beiden Töchter eines Schamanen gingen oft zu einem See, um einen Ehemann zu suchen. Der schwarze Drachenkopf antwortete als erster auf ihre Rufe; sie lehnten ihn ab wegen seiner hervortretenden Augen. Dann erschien der rote Drachenkopf, ein strahlendes, gleißendes Wesen, welches das Wasser zum Leuchten brachte, als würde darunter ein Feuer brennen. Auch diesen mochten sie nicht, denn er hatte einen zu großen Mund und geschwollene Augen. In Wahrheit wünschten sich die jungen Mädchen den »Sohn des lichtvollen Tags« herbei, in dem wir ein *alter ego* des »in Licht gehüllten« Prinzen erkennen, der in dem Tsimshian-Mythos vom Himmel kam, während er hier aus der Tiefe des Wassers emporsteigt. Schließlich zeigte er sich, »golden, klar und leuchtend wie die Sonne«, und willigte ein, die jüngere zu heiraten. Aber gleich den Wassergeistern des Lilloet-Mythos über die Säinnux-Masken (oben, S. 36) benützte der alte Schamane, der Vater der beiden Schwestern, seine Töchter, um ihre Bewerber anzulocken und ihnen tödliche Prüfungen aufzuerlegen. Der Held konnte alle Fallen vereiteln, und er verwandelte das Haus in einen verwunschenen Felsen, in den er seinen Schwiegervater einschloß. Diesen Felsen gibt es; beleidigt man ihn, so bricht ein Unwetter los, und der Schuldige geht mit seinem Schiff unter.

Auch hier wird folglich ein Held, dem man andernorts das

Kupfer verdankt und der sich durch seinen metallischen Sonnenglanz ankündigt, mit den Drachenköpfen in Korrelation und Gegensatz gebracht. Das ist ungefähr alles, was wir über diese Fische in Erfahrung bringen können; sicherlich genug, um uns davon zu überzeugen, daß ihr Eingreifen in den Kwakiutl-Mythos vom Ursprung der Masken kein Zufall ist und daß es sich durch eine Unvereinbarkeit zwischen den Xwéxwé-Masken und den Reichtümern erklärt, deren wichtigstes Material und Symbol das Kupfer ist. Dennoch reichen diese fragmentarischen Hinweise nicht aus, um zu verstehen, warum die Swaihwé-Masken, wie wir sahen, von den Salish in direkte Korrelation mit dem Erwerb der Reichtümer gestellt werden, während die roten Drachenköpfe, welche die Kwakiutl mit den Masken verbinden, bei den Kwakiutl direkt, bei den Tsimshian indirekt eine entgegengesetzte Funktion haben. Und zwar obwohl überall, wo die Masken existieren, ihre plastischen Merkmale die gleichen bleiben und zwischen ihnen und den Erdbeben die gleiche Affinität zu beobachten ist. Wenn wir uns nicht mit der Feststellung dieser Ungewißheiten begnügen wollen, muß unsere Methode flexibler werden und einen neuen Weg zeigen, damit wir aus der Sackgasse herausfinden, in der wir im Augenblick steckengeblieben sind.

IV

Ein Mythos oder eine Mythensequenz bliebe unverständlich, wenn sich nicht jeder Mythos anderen Versionen desselben Mythos oder scheinbar verschiedenen Mythen entgegensetzen ließe, jede einzelne Sequenz anderen Sequenzen desselben oder anderen Mythen, sogar und vor allem solchen, deren logisches Gerüst und deren konkreter Inhalt, in den winzigsten Details betrachtet, ihnen zu widersprechen scheinen. Darf man diese Methode auch auf plastische Werke anwenden? Dann müßte jedes einzelne in seiner Form, seinem Dekor und seinen Farben anderen entgegenstehen, bei denen dieselben, jedoch anders behandelten Elemente seinen eigenen widersprechen, um Träger einer besonderen Botschaft zu sein. Wäre dies bei den Masken der Fall, dann müßte man einräumen, daß, gleich den Wörtern der Sprache, keine ihre gesamte Bedeutung in sich birgt. Dies ergibt sich sowohl aus dem Sinn, den der gewählte Terminus einschließt, wie aus dem durch eben diese Wahl ausgeschlossenen Sinn aller anderen Termini, durch die man ihn ersetzen könnte.

Nehmen wir also als Arbeitshypothese an, daß die Form, die Farbe, die Aspekte, die uns charakteristisch für die Swaihwé-Masken erschienen waren, an sich selbst keine Bedeutung haben oder daß diese Bedeutung allein unvollständig ist. Dann wäre also jeder Versuch, sie isoliert zu interpretieren, vergebliche Mühe. Nehmen wir ferner an, daß diese Form, diese Farben und diese Aspekte untrennbar mit anderen verbunden sind, denen sie entgegenstehen, da ausgewählt, um einen Maskentypus zu charakterisieren, dessen Daseinsgrund zum Teil darin bestand, dem ersten zu widersprechen. In diesem Fall kann nur ein Vergleich beider Typen es ermöglichen, ein semantisches

Feld zu definieren, in dem die jeweiligen Funktionen jedes einzelnen Typus sich wechselseitig ergänzen. Wir müssen also versuchen, uns auf die Ebene dieses globalen semantischen Feldes zu stellen.

Angenommen, es gäbe einen Maskentypus, der zu dem Swaihwé in einem Gegensatz- und Korrelationsverhältnis stünde, dann müßte man, wenn man den letzteren kennt, seine Eigentümlichkeiten aus denen ableiten können, die uns dazu gedient haben, den ersten zu beschreiben. Wagen wir den Versuch. Durch ihr Zubehör und ihr Kostüm zeigt die Swaihwé-Maske eine Affinität zur weißen Farbe. Die andere wird also schwarz sein oder eine Affinität zu dunklen Tönen aufweisen. Die Swaihwé-Maske und ihr Kostüm sind mit Federn geschmückt; falls die andere Maske Schmuck tierischen Ursprungs trägt, müßte er aus Haaren bestehen. Die Swaihwé-Maske hat hervortretende Augen; die Augen der anderen Maske werden demnach tief liegen. Die Swaihwé-Maske hat einen weit offen stehenden Mund, einen nach unten geklappten Unterkiefer, aus dem eine riesige Zunge heraushängt; beim anderen Typus müßte die Form des Mundes so beschaffen sein, daß sich dieser Körperteil unmöglich zeigen kann. Schließlich muß man darauf gefaßt sein, daß die Ursprungsmythen, die jeweiligen religiösen, sozialen und ökonomischen Konnotationen der beiden Typen dieselben dialektischen Beziehungen untereinander aufweisen – Beziehungen der Symmetrie, des Gegensatzes, des Widerspruchs – wie diejenigen, die wir bereits in rein plastischer Hinsicht entdeckt haben. Ließe sich dieser Parallelismus verifizieren, so würde er endgültig die Eingangshypothese bestätigen, derzufolge in einem Bereich wie dem der Masken – der mythische Tatsachen, soziale und religiöse Funktionen sowie plastische Ausdrucksformen vereint – diese drei Phänomene, so heterogen sie sein mögen, funktional miteinander verbunden sind. Das würde bedeuten, daß man sie derselben Behandlung unterziehen muß.

Nun reicht es aber schon aus, daß wir die Voraussetzungen, denen diese ideale Maske genügen müßte, *a priori* benannt haben, um ihre reale Existenz zu erkennen. Anhand rein formaler Forderungen haben wir nämlich nichts anderes getan, als die sogenannte Dzonokwa-Maske mit all ihren plastischen Merkmalen zu beschreiben und zu restituieren, welche die Kwakiutl neben vielen anderen Masken besitzen, zu denen auch, vergessen wir es nicht, unter den Namen Xwéxwé die von den Salish entlehnte Swaihwé-Maske gehört. Im übrigen stellen die Kwakiutl-Legenden eine Verbindung zwischen beiden Typen her: der Held einer dieser Erzählungen, dem die friedliche Eroberung der Xwéxwé-Masken gelingt, ist der Sohn des übernatürlichen Wesens Dzonokwa; und seine Zauberkraft beruht vor allem auf seiner Fähigkeit, zu schreien wie sein Vorfahre.

Ganz allgemein bezeichnet der Terminus Dzonokwa eine Klasse von übernatürlichen, meist weiblichen Wesen, die jedoch unabhängig von ihrem Geschlecht mit starken Brüsten ausgestattet sind. Wir werden das Wort also hauptsächlich in der weiblichen Form verwenden. Die Dzonokwa leben tief im Waldesinnern; es sind wilde Riesinnen, auch Menschenfresserinnen, welche die Kinder der Indianer rauben, um sie zu verspeisen. Dennoch unterhalten sie zu den Menschen zwiespältige, bald feindselige, bald gleichsam komplizenhafte Beziehungen. Die Bildhauerkunst der Kwakiutl stellt die Dzonokwa oft und gerne dar; wir kennen zahlreiche Masken von ihr, die durch ihre charakteristischen Merkmale leicht zu identifizieren sind.

Diese Masken sind schwarz, oder in ihrem Dekor überwiegt die schwarze Farbe. Meist tragen sie einen Besatz aus schwarzen Haaren, welche das Haupthaar, den Bart, den Schnurrbart (mit dem sich sogar die weiblichen Exemplare schmücken) darstellen, und ihre Träger hüllen sich in eine schwarze Decke oder einen Bärenpelz mit dunklem Fell. Statt den hervortretenden und weit aufgerissenen Augen der Swaihwé-Masken haben sie tief in den Höhlen verschwindende oder halbgeschlossene Augen. Doch die konkave Form beschränkt sich nicht allein auf die Augen: auch die Wangen sind hohl sowie andere Körperpartien, wenn die Dzonokwa als aufrecht stehende Figur dargestellt wird. In einem Kwakiutl-Mythos tritt ein Held auf, der »in einem Wasserlauf einen Felsen voller Höhlen erblickte . . . Er sah, daß die Löcher die Augen einer Dzonokwa waren . . . Er sprang ins Wasser,in die Augen von Dzonokwa.« In einem anderen Mythos dient der Schädel einer Dzonokwa als Badewanne. Zuweilen riesenhafte zeremonielle Schüsseln stellen die Menschenfresserin dar. Die Hauptschüssel ist in den Bauch einer mit gespreizten Beinen auf dem Rükken liegenden Figur geschnitzt. Zu ihr gehört ein wahres Tafelservice, dessen hohle Teile jeweils das Gesicht, die Brüste, den Nabel und die Kniescheiben darstellen.

Der Mund der Masken und anderer Bildnisse steht nicht weit offen, sondern ist rund nach vorn gestülpt, in Nachahmung des charakteristischen Schreis »Uh! uh!«, den das Ungeheuer ausstößt. Diese Lippenstellung schließt aus, daß die Zunge heraustritt oder sichtbar wird; doch statt der heraushängenden Zunge haben alle Statuen, die Dzonokwa darstellen, schwere, manchmal bis zur Erde herabhängende Brüste.

Wir erinnern uns, daß den Salish zufolge die Prototypen der Swaihwé-Masken vom Himmel oder aus dem Wasser kommen, d. h. von oben oder von unten. Die Menschenfresser und Menschenfresserinnen, Prototypen der Dzonokwa-Masken, stammen, so sagten wir, aus den Bergen oder aus dem Wald, also aus der Ferne. Funktional gesehen, stellen die Swaihwé-Masken die Vorfahren dar, welche die höchsten Linien gegründet haben: sie verkörpern die soziale Ordnung, im Gegensatz zu den Dzonokwa, die asoziale Geister, keine Vorfahren sind – der Definition nach Erzeuger von Generationen, die ihnen folgen –, sondern Räuber oder Räuberinnen von Kindern, die diese Ahnenfolge verhindern. Im Lauf der Tänze versucht eine maskierte Person, den Swaihwé mit einer Lanze die Augen auszustechen (oben, S. 21, 28). Wie wir später erklären werden, ist Dzonokwa blind oder sieht schlecht (unten, S. 74), und sie versucht selbst, die Kinder, die sie raubt, blind zu machen, indem sie ihnen die Lider mit Harz verklebt, Kinder, die sie in ihrer Kiepe trägt – während die Swaihwé-Masken in Körben transportiert werden. Wenn schließlich die Swaihwé-Masken niemals während der heiligen Winterriten in Erscheinung treten, so nehmen die Dzonokwa-Masken rechtmäßig daran teil.

Hier ist daran zu erinnern, daß die Kwakiutl das Jahr in zwei Hälften teilten. Das herkömmliche System galt während der *bakus* genannten Hälfte, die Frühling und Sommer umfaßte. Nach einem viertägigen Karneval, *klasila* genannt, in dessen Verlauf die Masken der Vorfahren auftraten, begann die *tsteseka*-Periode, die Herbst und Winter umschloß. Von einer Periode zur anderen wechselten die Eigennamen, Gesänge und sogar ihr musikalischer Stil. Die profane soziale Organisation machte den religiösen Bruderschaften Platz. Ein besonderes System trat in Kraft, gekennzeichnet durch die Verhältnisse, welche die Individuen mit dem Übernatürlichen unterhielten. Während dieser winterlichen Periode, die ganz den Riten geweiht war, nahm jede Bruderschaft die Initiation derjenigen vor, die aufgrund ihrer Geburt und ihres Ranges Anspruch darauf hatten.

Dabei spaltete sich das Dorf in zwei Gruppen. Die Nicht-Initiierten bildeten ein Publikum, dem sich die Initiierten zur Schau stellten. Allerdings sind unter diesen letzteren zwei Hauptkategorien zu unterscheiden. Die höhere Klasse umfaßte die Bruderschaften der Robben und der Kannibalen, und jede von ihnen unterteilte sich wiederum in drei Grade, die zu durchlaufen zwölf Jahre dauerte. Etwas unter den zwei großen Bruderschaften stand die des Geistes des Krieges. Die Finken oder

Sperlinge, welche die unterste Klasse bildeten, spalteten sich, je nach der Altersgruppe, in Papageitaucher, Enteriche, Butzköpfe und Wale. Parallele Bruderschaften faßten die Frauen zusammen. An den beiden Enden der Stufenleiter, zwischen den Finken und den Robben, herrschte Rivalität, sogar Feindseligkeit. Die Initiationsriten wiesen einen theatralischen Charakter auf: Darstellungen, die bald dramatisch, bald zirkushaft waren und eine ausgeklügelte Inszenierung erforderten mit allen möglichen Tricks, akrobatischen Kunststücken und Zaubereien.

In diesem komplexen System, das wir nur in groben Zügen skizziert haben, spielte die Dzonokwa-Maske, die zur Bruderschaft der Robben gehörte, eine zwar kleine, aber fest umrissene Rolle. Der Tänzer, der sie trug, tat, als ob er schliefe oder zumindest vor sich hin döse. Ein Seil, das von seinem Sitz bis zur Tür gespannt war, erlaubte es ihm, sich tastend zu bewegen. Auch kam diese Figur regelmäßig zu spät zu dem Blutbad, das der Neuinitiierte aus der Bruderschaft der Kannibalen anzurichten sich anschickte. Rituelle Gesänge verherrlichten die Macht der Menschenfresserin: »Seht die große Dzonokwa, welche die Menschen in ihren Armen raubt, die Alpträume und Ohnmachten hervorruft! Große Bringerin von Alpträumen! Große Frau, die uns ohnmächtig werden läßt! Schreckliche Dzonokwa!« Und dennoch ist sie zu schläfrig, um zu tanzen, sie verfehlt den Weg, wenn sie um das Herdfeuer geht, und stolpert; man muß sie zu ihrem Sitz zurückführen, auf dem sie augenblicklich einschläft. Jedesmal, wenn sie erwacht, nimmt sie nicht aktiv an der Zeremonie teil, und sobald man mit dem Finger auf sie zeigt, fällt sie abermals in Schlaf. Es läßt sich kaum ein Verhalten vorstellen, das mit dem der Swaihwé- (oder Xwéxwé-) Tänzer stärker kontrastierte, die bei den Salish selbst den Finger zum Himmel strecken, um zu zeigen, woher sie stammen (statt daß ein Dritter mit dem Finger auf die Dzonokwa zeigt, an dem Ort, wo sie ist und den sie nicht verlassen will), und bei den Kwakiutl selbst nicht aufhören wollen zu tanzen, sofern man sie nicht dazu zwingt (oben, S. 44, 33). Wenn die Kwakiutl die Swaihwé-Maske von den Salish entlehnt haben, so teilen diese mit ihnen die Figur von Dzonokwa oder ihr Äquivalent. Die Gruppen des Fraser-Flusses sowie die Comox der Insel nennen sie Sasquatch oder Tsanaq: eine schwarze Riesin mit buschigen Augenbrauen, tiefliegenden Augen, langen und dichten Haaren, einem rund vorgewölbten Mund mit dicken Lippen, hohlwangig wie ein Leichnam. Der Träger der Maske hüllte sich in eine schwarze Decke und schwankte an der Tür, als ob es ihm nicht gelänge, gegen den Schlaf anzukämpfen. Es ist offenkundig dieselbe Figur wie die Tzualuch der Lummi, eine riesige Menschenfresserin, die umherstreift, um die Kinder in ihrer Kiepe zu entführen; und wie die Tal der Insel und des Kontinents, eine Menschenfresserin, die die Kinder im Erdofen kocht und aus deren Asche, wenn sie selbst hineinfällt und verbrennt, die Mücken entstehen, jene Miniaturkannibalen. Wenngleich das Tragen der Maske ein erbliches Privileg wurde, so konnte doch jede beliebige Familie sie kaufen, sofern sie die Mittel dazu besaß. Im Gegensatz zum Swaihwé, der das Privileg einiger hochgestellter Linien war, bedeutete der Kauf der Tal-Maske für »Neureiche« ein zwar kostspieliges, aber in jeder anderen Hinsicht bequemes Mittel, einen sozialen Status zu erringen. Die beiden Maskentypen stehen einander also auch in dieser Beziehung entgegen.

V

Rein plastisch gesehen, steht die Swaihwé-Maske, bei der gleichsam alles hervorspringt, der Dzonokwa-Maske entgegen, bei der alles hohl ist; doch gleichzeitig ergänzen sie einander, fast wie die Gußform und ihr Abdruck. Man ahnt, daß für ihre sozialen, ökonomischen und rituellen Funktionen vielleicht dasselbe gilt. Erstreckt sich dieses Netz von Gegensätzen und Entsprechungen auf die mythologische Gesamtheit, die mit dem jeweiligen Typus verbunden ist? Die Mythologie der Swaihwé-Masken bei den Salish haben wir bereits analysiert und kommentiert. Untersuchen wir nun die der Kwakiutl in bezug auf die Dzonokwa-Maske.

Eine erste Feststellung drängt sich auf. Die Erzählungen über die Xwéxwé-Masken – die den Swaihwé-Masken der Salish entsprechen – schienen uns zweierlei Art zu sein; zum einen historisch oder zumindest legendär, zum anderen unumwunden mythisch. Der erste Typus bringt – bei den Kwakiutl – die Untergruppen der Nimkish und der Koeksotenok ins Spiel, bei den Salish die Comox. Vom Standpunkt derer, die diese Geschichten erzählen, ist ihre Bühne also eine Mittelzone der Insel und der kontinentalen Küste sowie der unmittelbar im Süden gelegene Teil der Insel. Bei den Erzählungen mythischen Charakters ist das Gegenteil der Fall: sie spielen zwischen dem Land der Nimkish und Kap Scott, d. h. zwischen der erwähnten Mittelzone der Insel und ihrem nördlichsten Teil. Man kann also sagen, daß die Ursprungsmythen der Xwéxwé-Masken sich ausschließlich um eine Nord-Süd-Achse drehen.

Dagegen stammen die Mythen, in denen die Dzonokwa auftreten, hauptsächlich aus Kwakiutl-Gruppen, die sich annähernd auf einer Ost-West-Achse verteilen; Nakoaktok, Tsawatenok,

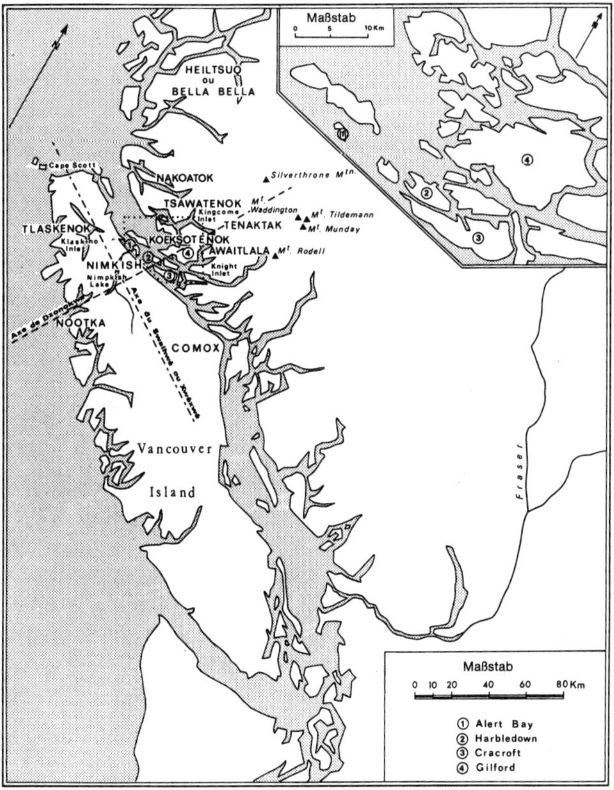

Karte vom Land der Kwakiutl mit den »Achsen« der Dzonokwa- bzw. der Xwéxwé-Mythen

Tenaktak, Awaitlala, Nimkish, Tlaskenok, zu denen noch die nördlichen Nootka hinzuzurechnen sind. Mehrere Ortsnamen, die Boas gesammelt hat, enthalten eine Anspielung auf Dzonokwa oder beziehen sich unmittelbar auf sie. Und alle diese Ortsnamen – eine kleine Insel gegenüber dem Nimkish-Fluß, eine Landschaft im Innern von Seymour Inlet, verschiedene Ortschaften in Knight Inlet, wo die Mythen spielen, die wir untersuchen werden – sind ähnlich verteilt. Tatsächlich liegt der Schwerpunkt der »Dzonokwa«-Mythen, wenn man so sagen darf, in Knight Inlet und seiner Umgebung. Knight Inlet ist der längste Fjord im Kwakiutl-Land; er gräbt sich tief in ein Bergmassiv, dessen Gipfel zwischen 3000 und 4000 Meter hoch, zuweilen noch höher sind: Silverthrone Mountain sowie die Berge Waddington, Tildemann, Munday, Rodell. Weit im Osten liegt die gefürchtetste und am schwersten zu erreichende Region. Wenn also die Xwéxwé-Mythen sich zwischen zwei Polen verteilen – zwischen dem Land der Comox, d. h. der Welt der Fremden, wo nicht der Feinde, und der offenen See, der Welt des Unbekannten –, so entsprechen die Pole der Querachse, auf der sich die Dzonokwa-Mythen verteilen, einerseits dem Meer und andererseits dem Festland in seinem unerreichbarsten und schrecklichsten Aspekt.
Sicherlich bedürfen diese Bemerkungen der Bestätigung. Unsere Informationen über die Kwakiutl, so reichhaltig sie erscheinen mögen, wenn man sie mit anderen vergleicht, sind keineswegs erschöpfend, und es läßt sich nicht ausschließen, daß die Verteilung der Mythen und der geographischen Namen in Wahrheit weniger ausgeprägt war. Aber auch wenn man den Untersuchungen von Boas und seiner Nachfolger lediglich den Wert von Stichproben beimißt, ist es dennoch bezeichnend, daß sie es erlauben, die Mythen, die sich auf die beiden Maskentypen beziehen, auf entgegengesetzten Achsen zu verteilen.
Die Mythologie der Xwéxwé-Masken schien uns recht mager

zu sein. Die der Dzonokwa-Masken ist sehr reich, und um uns in diesem Labyrinth zurechtfinden zu können, empfiehlt sich eine vorläufige Klassifizierung. Die erfaßten Mythen verteilen sich auf zwei extreme Typen, die man, in einem ganz relativen Sinn, als schwach und stark bezeichnen kann. Beginnen wir mit der Beschreibung des ersten Typus.

Die Nimkish erzählen, daß man ein Kind, das unaufhörlich weinte, dadurch zum Schweigen brachte, daß man ihm mit der Menschenfresserin drohte. Mitten in der Nacht lief das Kind davon, und Dzonokwa raubte es. Sie schleppte es unter die Erde; man hörte es schreien, doch niemand konnte es finden. Nach vergeblichen Anstrengungen gab man die Suche auf. Die Menschenfresserin trug das Kind tief ins Innere des Landes. Doch das kleine Opfer war listig: unter dem Vorwand, seine Wärterin einer magischen Behandlung zu unterziehen, die sie verschönern sollte, tötete das Kind sie und verbrannte sie auf einem Holzstoß. Wieder ins Dorf zurückgekehrt, erzählte es sein Abenteuer. Man begab sich zu Dzonokwa und bemächtigte sich aller ihrer Reichtümer: konservierte Beeren, getrocknetes Fleisch, Pelze . . . Der Vater des jungen Helden verteilte sie während eines Potlatch.

Ein Mythos der Awaitlala, die tief im Innern am rechten Ufer von Knight Inlet lebten, beginnt in Hanwati am unteren Teil des Fjords, den eine Familie hinaufzuschiffen beschloß, um zu fischen. Aber die zum Trocknen aufgehängten Lachse verschwanden einer nach dem anderen. Die Eltern warfen ihrem kleinen Sohn seine Faulheit vor. Hätte er sich den Prüfungen unterzogen, die für Knaben seines Alters vorgeschrieben waren, dann hätte er vielleicht den Schutz eines Geistes erworben, der seinen Angehörigen helfen würde, die Früchte ihrer Arbeit zu verteidigen.

Tief getroffen nahm der Knabe rituelle Bäder. Ein Geist erschien ihm und erzog ihn. Er gab ihm auch runde Steine, mit denen es dem kräftig gewordenen Jüngling gelang, die Fischdiebe zu töten, die nichts anderes waren als eine Horde von Dzonokwa. In ihrer Behausung entdeckten der Held und sein Vater zwei noch junge Menschenfresserinnen sowie angehäufte Reichtümer: Fleisch, Bären- und Wildziegenfelle, getrocknete Beeren und alle gestohlenen Lachse. Sie brachten diese Beute sowie die kleinen Dzonokwa in ein Dorf, das zu einer Kwakiutl-Gruppe an der Ostküste der Insel Vancouver zu gehören scheint, auf der anderen Seite des Territoriums der Awaitlala. Der Vater legte sich den zeremoniellen Namen Dzonokwa zu; er lud »alle Stämme« zu einem Festmahl ein, und als die Lustbarkeiten ihren Höhepunkt erreichten, zeigte er die Dzonokwa vor, die er versteckt gehalten hatte. Alle Anwesenden fühlten sich durch ihre Gegenwart wie vergiftet; der junge Mann nutzte die Gelegenheit und tötete viele Leute. An die wenigen Überlebenden verteilte er Häute und Felle. Als er wieder in seinem Land war, errichtete er vier Dzonokwa-Statuen vor seinem Haus, zur Erinnerung an seine Heldentaten.

Ebenfalls in Hanwati spielt ein Mythos der Tenaktak, Nachbarn der Awaitlala tief im Innern von Knight Inlet. Ein Jäger und seine Frau, die an der Mündung des Fjord lagerten, um zu fischen, hörten und sahen in der Nacht eine undeutliche Form, die das Dachwerk ihres Unterschlupfs abtrug, um die Fische zu rauben, die darunter zum Trocknen hingen. Der Mann nahm seinen Bogen und schoß. Das Geschöpf fiel getroffen in die Büsche, aber es gelang ihm, zu entkommen.

Am nächsten Morgen folgte der Jäger den Spuren und entdeckte die Leiche eines seltsamen Wesens mit großen hängenden Brüsten, einem runden und dicklippigen Mund. Es war ein männlicher Dzonokwa (über diese anatomische Merkwürdigkeit vgl. oben, S. 57).

Die Gatten fuhren den Fjord hinauf, zurück in ihr Dorf. Am folgenden Tag entdeckten Indianer, die in umgekehrter Richtung fuhren, am Felsenufer eine große, in Tränen aufgelöste weibliche Dzonokwa. Sie kehrten ins Dorf zurück, erzählten, was sie gesehen hatten, und der Jäger begriff, daß das Geschöpf seinem verschwundenen Artgenossen nachweinte. Die aufgeregten jungen Männer wollten sofort dorthin eilen, aber die Augenzeugen setzten alles daran, sie von diesem Vorhaben abzubringen: »Ihre Augen sind riesengroß«, erklärten sie, »es scheint, als würde ein Feuer darin brennen. Ihr Kopf ist so groß wie eine Vorratstruhe.« Die jungen Männer machten sich dennoch auf den Weg, fanden die Dzonokwa und fragten sie aus; sie sagte ihnen, sie habe ihren Sohn verloren. Die Jünglinge fürchteten ihre Rache und machten sich aus dem Staub.

Im Dorf lebte ein mißgestalteter, bescheidener, schweigsamer junger Mann. Er lauschte dem Bericht seiner Kameraden, stand wortlos auf und fuhr in seinem kleinen Einbaum davon. Auch er fragte die Dzonokwa aus; diese versprach, denjenigen reich zu machen, der ihr ihren Sohn zurückbringe. Er führte sie zum Unterschlupf des Jägers und verfolgte seine Spur bis zu der Leiche, die die Dzonokwa in Begleitung des Helden in ihre Behausung trug. Das Haus war sehr geräumig, angefüllt mit Vorräten, welche die Riesin ihrem Schützling zum Geschenk machte. Es waren gegerbte Häute, getrocknetes Ziegenfleisch und eine Maske, die sie darstellte. Sie weckte den Leichnam ihres Sohnes wieder zum Leben mit Hilfe von magischem Wasser, das sie aus einem Becken schöpfte, besprengte auch den mißgestalteten Helden damit, der alsbald ein schöner Knabe wurde. Doch er sagte seiner Beschützerin, daß er traurig sei, da er seine Eltern verloren habe. Sie versprach ihm, daß er sie wieder zum Leben erwecken könne. Der Held kehrte mit allen seinen Reichtümern ins Dorf zurück, zelebrierte das erste Winterritual, machte seine Eltern mit dem magischen Wasser der Riesin wieder lebendig. Am nächsten Tag vollführte er vor dem versammelten Dorf den Tanz der Dzonokwa, deren Reichtümer ihm gestatteten, seine Gäste zu bewirten und mit Geschenken zu überhäufen. In diesem Augenblick trat der Jäger vom Anfang der Geschichte dazwischen; er wollte den Tanz für sich haben, den er mit vergossenem Blut erkauft hatte. »Nein«, erwiderte der Held, »mir allein hat Dzonokwa ihn geschenkt. Sie hat mir nicht aufgetragen, ihn dem Mörder ihres Sohns zu überlassen.« Seither herrschen Feindseligkeit und Eifersucht zwischen den Nachfahren der beiden Männer.

Die Awaitlala und die Tenaktak erzählen auch, fast mit denselben Worten, daß einst eine Frau mit ihrem Sohn allein lebte. Allnächtlich verschwanden ihre Lachsvorräte. Die Frau schnitzte sich einen Bogen und Pfeile mit gezackter Spitze, legte sich auf die Lauer und erblickte Dzonokwa, die das Dach abtrug. Sie schoß und verletzte sie an den Brüsten. Die Riesin flüchtete, verfolgt von der Heldin, die sie tot in ihrem Haus auffand und der Leiche den Kopf abschlug. Sie präparierte den Schädel heraus und badete darin ihren Sohn wie in einer Wanne. Diese Behandlung gab ihm ungewöhnliche Kraft. Später besiegte der Knabe verschiedene Ungeheuer, darunter eine Dzonokwa, die er in Stein verwandelte.

Die Tsawatenok, eine andere Kwakiutl-Gruppe, lebten im Norden von Kingcome Inlet. In einem ihrer Mythen tritt eine Prinzessin auf, die kurz nach der Pubertät durch die Wälder zu streifen pflegte, obwohl die Gefahr bestand, daß die »Dzonokwa des Waldes« sie entführte. Und tatsächlich begegnete sie eines Tages einer großen und starken Frau, die sie zu sich einlud; sie stotterte, denn sie litt an einem Sprachfehler. Die Riesin bewunderte die ausgezupften Augenbrauen des jungen Mädchens. Diese versprach ihr, sie ebenso schön zu machen, und erhielt als Vorleistung für diesen Dienst die magischen Gewänder der Menschenfresserin, die nichts anderes waren als ihre Pubertätskleider. Die Prinzessin führte Dzonokwa in ihr Dorf, wo man, unter dem Vorwand, sie dem Haarschneider anzuvertrauen, einen Krieger herbeirief, der sie mit einem Hammer und einer Schere aus Stein tötete. Auf Geheiß der Prinzessin enthauptete und verbrannte man den Leichnam. Das ganze Dorf begab sich zur Behausung der Menschenfresserin, die voller Reichtümer war: Häute, Felle, getrocknetes Fleisch und Fett. Der Vater der Heldin eignete sich eine Maske mit menschlichen Zügen an, die von einem Adler in seinem Nest gekrönt war, sie hieß »Maske mit dem Nest der Bringerin von Alpträumen« (oben, S. 60). Diese Ereignisse hatten sich während der profanen Jahreszeit abgespielt. Man verteilte die Vorräte der Dzonokwa, und der Clan, der diese Freigebigkeit eingeführt hatte, erhielt den höchsten Rang. Seit jener Zeit tragen die jungen Mädchen während ihrer Pubertät die Schmuckstücke aus Ziegenwolle der Dzonokwa. Auf diesen Schluß werden wir später nochmals zurückkommen.

Die Nakoaktok der kontinentalen Küste, gegenüber dem nördlichen Teil der Insel, erzählen, daß einst zwölf Kinder am Strand spielten und Muscheln aßen. Sie stießen ein kleines Mädchen zurück, das sie verachteten, weil es eine Hasenscharte hatte. Die Kleine erblickte eine Dzonokwa, die näherkam, eine Kiepe auf dem Rücken. In der Gewißheit, als erste gefangen genommen zu werden, bewaffnete sie sich mit einer Muschelschale und schlitzte damit die Kiepe auf, in der sie zuunterst lag, und ließ sich, gefolgt von fünf anderen Kindern, auf die Erde fallen.

In ihrer Behausung angekommen, schickte sich Dzonokwa an, die sechs verbliebenen Opfer zu kochen. Eine hübsche Frau, die bis zum Gürtel in einem Winkel der Hütte eingegraben war, brachte ihnen einen magischen Gesang bei, der die Menschenfresserin einschläfern würde; die Kinder brauchten sie dann nur noch ins Feuer zu stoßen. So geschah es. Als Dzonokwas Kinder nach Hause kamen, sagte ihnen die hübsche Frau, sie sollten sich zu Tisch setzen. Die anderen Kinder, die sich versteckt hatten, verhöhnten sie, weil sie das Fleisch ihrer Mutter aßen, und die kleinen Menschenfresser rannten davon. Die geretteten Kinder gruben ihre übernatürliche Beschützerin aus und brachten sie ins Dorf.

Wir wollen diesen Überblick über die schwachen Formen mit den Heiltsuq oder Bella Bella beenden, die sprachlich und kulturell den Kwakitul verwandt sind und auf der kontinentalen Küste zwischen Rivers Inlet und Douglas Channel wohnen, gegenüber dem südlichen Teil der Königin-Charlotte-Inseln. Sie erzählen, daß ein kleines Mädchen, das unaufhörlich weinte, seiner Großmutter anvertraut worden war, da man hoffte, diese werde es beruhigen. Eine Dzonokwa nahm die Gestalt der alten Frau an und raubte das Kind. Unterwegs riß das Mädchen die Fransen seines Kleides ab und ließ sie zu Boden fallen. Man folgte der Fährte bis zum Gipfel eines hohen Berges, auf dem die Menschenfresserin wohnte. Sie war außer Hause, und man befreite das kleine Mädchen. Bei ihrer Rückkehr stellte Dzonokwa ihr Verschwinden fest und nahm die Verfolgung auf. Sie holte die Schar der Befreier ein; um sie zu neutralisieren, bissen sie sich auf die Zunge und spuckten das Blut in ihre Richtung. Sie behauptete, das Kind zu lieben, und wollte in seiner Nähe bleiben. Als Beweis für ihre redlichen Absichten schenkte sie dem Häuptling ihre Tänze. Nur mit Mühe konnte man sie endlich vertreiben.

In anderen Heiltsuq-Mythen tritt Dzonokwa unter anderem Namen auf: Kawâka. Eine verheerende Seuche ausnützend, stahl diese Menschenfresserin die Leichen und sogar gesunde Männer, die sie lähmte, indem sie aus ihren Augen Funken auf sie sprühte. Ihre Augen waren wie Löcher. Ein Indianer wollte herausfinden, wer die Diebe waren. Er ließ sich von der Menschenfresserin entführen, und es gelang ihm, zu entfliehen. Das Dorf erklärte den Kawâka den Krieg. Man tötete sie alle und verbrannte ihre Körper, während der Held sich ihrer Schätze bemächtigte: Kupferplatten, Felle und getrocknetes Fleisch. Dank dieser Reichtümer wurde er ein großer Häuptling. Die Heiltsuq kennen auch Versionen, die sich nur geringfügig von den oben untersuchten Mythen unterscheiden. Wir haben sie andernorts besprochen, und da sie zu den hier vorliegenden nicht viel Neues beitragen, wollen wir nun zu den starken Versionen übergehen, die hauptsächlich aus der Insel Vancouver stammen.

Die Tlaskenok, unmittelbare Nachbarn der Nootka, lebten im Norden der Insel an der Westküste. Einer ihrer Mythen erzählt vom Besuch einer Familie in einem Dorf am Ufer von Klaskino Inlet, das ihrem eigenen Dorf genau gegenüber lag. Eine Menschenfresserin raubte alle ihre Kinder, die sie zuerst blind gemacht hatte, indem sie ihre Augenlider mit Harz verklebte. Die Mutter der verschwundenen Kleinen weinte so heftig, daß der Rotz aus ihrer Nase bis zur Erde floß; ein Kind entstand daraus. Als es groß geworden war, machte es sich auf die Suche nach seinen Brüdern und begegnete einer eingegrabenen Frau (oben, S. 69), von der er erfuhr, wo die Menschenfresserin ihr Herz versteckt hatte, um sich unverletzbar zu machen. Der Held tötete sie, unter dem Vorwand, sie zu verschönen (siehe oben, S. 68), doch kurz darauf wurde sie wieder lebendig. Schließlich tötete er sie endgültig, erweckte seine Brüder wieder zum Leben und stieg zum Himmel auf.

Die Nimkish, die ebenfalls auf der Insel leben, haben einen Mythos bezüglich der Nachkommenschaft des ersten Menschen, der nach der Sintflut auf der Erde lebte. Seinem Sohn gelang es, diejenige zu heiraten, die er liebte, indem er alle die für tödlich geltenden Prüfungen überstand, die sein Schwiegervater ihm auferlegte. Sie bekamen einen Sohn, den sie Riese nannten, Herr der Dzonokwa-Masken, der eine Zeitlang mit der Tochter der Sonne verheiratet war. Ihr Sohn herrscht über die Strömungen, die den Ozean aufwühlen.

Diese Mythen der Insel-Kwakiutl haben unbestreitbare Ähnlichkeiten mit denen ihrer Nootka-Nachbarn, von denen wir kohärentere Versionen besitzen. Bei diesen Indianern heißt die Menschenfresserin Malâhas. Man sagt, daß sie die Kinder einer Frau raubte und tötete, indem sie sie über dem Herdfeuer räucherte; ihrer Mutter entstand ein anderer Sohn aus ihrem Rotz, der sich auf die Suche nach der Menschenfresserin machte. Eines Tages, als er auf einen Baum geklettert war, erblickte diese sein Spiegelbild im Wasser, verliebte sich in ihn, spürte das Versteck des Jünglings auf und wollte ihn heiraten. Mehrfach tötete er sie, unter dem Vorwand, sie zu verschönen, aber jedes Mal lebte sie wieder auf, bis er endlich ihr Herz entdeckt und durchbohrt hatte, das sich außerhalb ihres Körpers befand. Der Held machte seine Brüder wieder lebendig, indem er auf ihre geräucherten Leichname urinierte. Dann stieg er zum Himmel auf, um, wie er sagte, seinen Vater zu treffen. Dort gab er zuerst zwei alten blinden Frauen das Augenlicht zurück, im Tausch gegen eine Route, die ihn zum Bestimmungsort brachte, blieb eine Weile bei seinem Vater und stieg dann wieder zur Erde hinab, um dort die Fische einzuführen und die Welt in Ordnung zu bringen. Er landete in Dza'wadé, dem »Ort der Kerzenfische«, irgendwo in der Gegend von Knight Inlet, befreite die gefangenen Fische und heiratete die Tochter des ortsansässigen Häuptlings, die ihn vor ihrem Vater warnte. Dieser trachtete nämlich danach, seinen Schwiegersohn umzubringen, indem er ihn allen möglichen Prüfungen unterzog. Aber der junge Mann behielt die Oberhand, tötete seinen Verfolger und verließ seine Frau, um eine lange Wanderung anzutreten, in deren Verlauf er Feinde besiegte, sie in verschiedene Tiere verwandelte und zwei Menschen wieder zu einer normalen Anatomie verhalf, die zur Zeugung unfähig waren, weil sie ihre Geschlechtsorgane auf der Stirn trugen. Schließlich beseelte er Holzfigürchen; dies ist der Ursprung der heutigen Menschheit.

Für den vergleichenden Forscher sind diese starken Versionen von um so größerem Interesse, als man sie in kaum abgewandelter Form auch in Südamerika findet. Sie scheinen also zu einer sehr archaischen Schicht der Mythologie der Neuen Welt zu gehören. Dies ist hier nicht unser Problem, vielmehr die Verteilung der Dzonokwa-Mythen in zwei Gruppen. Diejenigen Versionen, die ausschließlich von den Streitigkeiten mit der Menschenfresserin handeln, nannten wir schwach, und stark diejenigen, in denen ein Besuch des Helden im Himmel folgt, wo ihn, ausdrücklich oder stillschweigend, ein Konflikt seinem Schwiegervater entgegenstellt, der meist die Sonne ist. Ob der Mythos es nun offen ausspricht oder unterstellt, unternimmt der Held seinen Aufstieg nämlich deshalb, um die Tochter der Sonne zu heiraten. In diesen Versionen hat er es also mit zwei weiblichen Protagonisten zu tun; zuerst mit der Menschenfresserin, einer chthonischen Kreatur oder einem Wesen, das zumindest eine Affinität zur unterirdischen Welt hat und das durch seine Blindheit oder sein schlechtes Augenlicht auf der Seite der Nacht steht; sodann mit der Tochter der Sonne, einer himmlischen Kreatur, die aufgrund ihrer Behausung und Herkunft auf der Seite des Tages steht. Und so werden wir bei den bereits genannten Tenaktak (oben, S. 66ff.) einem Mythos Aufmerksamkeit schenken, dessen Varianten eine bemerkenswerte Synthese dieser beiden Aspekte leisten.

Es war einmal ein Knabe, der mit viel Grind und Geschwüren bedeckt war. Da seine Krankheit ansteckend war, beschloß sein Vater, der Dorfhäuptling, ihm zum Wohl der anderen Bewohner auszusetzen. Seine Großmutter hatte Mitleid mit ihm und überließ ihm ein wenig Feuer und einige Vorräte. Der Unglückliche blieb allein. Plötzlich kam ein kleiner Knabe aus seinem Bauch, offenbarte ihm, daß er die Ursache seines Gebrechens sei, und bat seinen »Vater«, ihn Wundgrind zu nennen. Das wundersame Kind schuf die Fische aus Tannennadeln, die es auf den Gräbern seiner Tanten aufgelesen hatte. Doch bald verschwanden die Fische. Wundgrind legte sich auf die Lauer und erblickte die Diebin; sie war keine andere als Dzonokwa. Er schoß Pfeile in ihre großen hängenden Brüste, jagte ihr nach, begegnete der kleinen Tochter der Menschenfresserin, die ihn zu ihrer Behausung führte. Dort lag die schwer verwundete Dzonokwa. Der Held willigte ein, sie zu pflegen und

zu heilen, nicht ohne sie vorher gequält zu haben, und erhielt als Dank die kleine Tochter zur Frau, magisches Wasser und Reichtümer in Hülle und Fülle.
Bei seiner Rückkehr ins Dorf, nach einer, wie er meinte, kurzen Abwesenheit, die jedoch in Wahrheit drei Jahre gedauert hatte, fand er die Gebeine seines inzwischen verstorbenen Vaters. Seine Frau Dzonokwa konnte sie nicht sehen, »denn diese Geschöpfe haben sehr tief in den Höhlen liegende Augen«, was sie praktisch blind macht.[4] Sie mußte das Skelett also ertasten; durch Berührung machte sie es wieder lebendig. Wundgrind wurde seiner Frau bald müde; Enten trugen ihn auf sein Geheiß in den Himmel. Er kam bei Sonne und Mond an, die ihm ihre Tochter zur Frau gaben. Später kehrte er mit seiner himmlischen Gattin auf die Erde zurück, fand dort seinen Vater und seine erste Frau wieder, die auf ihre Rivalin natürlich eifersüchtig war. Zunächst herrschte Zwietracht zwischen den beiden Frauen, doch dann freundeten sie sich miteinander an. Trotzdem wollte der Held mit seiner zweiten Frau in den Himmel zurückkehren, aber während des Flugs schlief er ein und stürzte sich zu Tode. Allein auf der Erde zurück blieben sein Vater und dessen Schwiegertochter, die Frau Dzonokwa.
Wir kennen noch zwei weitere Versionen dieses Mythos, die Boas vom selben Informanten, jedoch in einem Abstand von zweiunddreißig Jahren gesammelt hat. Der älteren Version zufolge wurde der Held, nachdem er vom Himmel gefallen und zugrunde gegangen war, von seiner Frau Dzonokawa wieder zum Leben erweckt; sie lebten auf Erden als gute Ehegatten. In der anderen Version, in der das kranke und von seinen Angehörigen ausgesetzte Kind ein Mädchen ist (was die Tatsache etwas einleuchtender macht, daß ihr ein Sprößling aus dem Bauch kriecht), verließen die beiden Frauen Wundgrind, die einander nicht ausstehen konnten. Er kam zu Tode, als er seiner bevorzugten Gattin in den Himmel folgen wollte. Sein Schwiegervater Sonne brachte ihn zum Leben zurück, und er

nahm sein eheliches Leben mit seiner himmlischen Gattin wieder auf.
So wird das Problem der unmöglichen Vermittlung zwischen zu weit voneinander entfernten Polen – die von der irdischen und nächtlichen bzw. der himmlischen und strahlenden Gattin verkörpert werden – in jeder Version anders gelöst. Als unwirksamer Vermittler sieht sich der Held letztlich von beiden Polen getrennt, die er vereinen zu können glaubte, und stirbt (Version 1); oder er trennt sich endgültig von einem der Pole und bleibt mit dem anderen verbunden, der entweder der irdische Pol (Version 2) oder der himmlische Pol ist (Version 3). Die nicht zu verwirklichende gleichzeitige Verbindung zweier zu weit auseinander liegender Gattinnen kontrastiert in eindrucksvoller Weise mit der Heirat auf rechte Entfernung einer Frau, die in den Salish-Mythen des Fraser-Flusses durch die Swaihwé-Maske ermöglicht wird, die sie von ihrem Bruder als Mitgift erhält. Diese geglückte Heirat setzt einer fast inzestuösen Vertrautheit unter den Geschwistern ein Ende, so wie hier die gescheiterte Ehe, in einer Version, eine fast inzestuöse Vertrautheit zwischen dem Schwiegervater und seiner Schwiegertochter nach sich zieht. Ich habe andernorts auf die Analogie hingewiesen, welche die Geschichte von Wundgrind mit den griechischen Adonis-Mythen aufweist, wie Marcel Detienne sie neu interpretiert hat. Doch hier gilt es, auf eine andere, diesmal den amerikanischen Mythen inhärente Analogie hinzuweisen. Denn in allen bisher analysierten Mythen ist der stinkende Held, der sowohl im Fraser-Tal wie im Norden von Knight Inlet mit Geschwüren bedeckt ist, das weinerliche Kind, der häßliche oder faule Jüngling oder der lebhafte, aber aufsässige Knabe, der folglich aus verschiedenen Gründen den Seinen unerträglich wird, stets ein und dieselbe Figur, die nur die äußere Gestalt wechselt, da die Mythen sich damit begnügen, den Makel, das umgekehrte Zeichen seiner Auserwählung, bald ins Physische, bald ins Moralische zu transponieren.

VI

Im letzten Kapitel haben wir die Stellung und die Rolle beschrieben, welche die Menschenfresserin Dzonokwa in der Mythologie und im Ritual einnimmt. Bei den südlichen Kwakiutl erfüllt sie zudem eine soziale und ökonomische Funktion, insofern sie bei den Potlatch-Festen in Erscheinung tritt. Derjenige, der sie darstellt, trägt eine Kiepe voll verzierter Kupferplatten, die wir später näher beschreiben werden (S. 127). Er übergibt sie dem Häuptling je nach dessen Bedürfnissen. Im feierlichsten Augenblick setzt der Häuptling selbst eine Dzonokwa-Maske auf, die Geekumhl genannt wird. Sie ist auf das sorgfältigste ausgearbeitet; statt den üblichen törichten Ausdruck verleiht sie der Riesin ein entschlossenes und Autorität gebietendes Gesicht. Der Häuptling, der die Maske trägt, verkörpert Dzonokwa; sie ist es also, welche entweder die ganzen Kupferplatten verkauft oder verschenkt oder sie zuvor mit einem Holzmeißel, dessen geschnitzter Griff häufig ebenfalls ihr Bildnis trägt, in Stücke haut.

Tatsächlich ist die Dzonokwa in allen Mythen, die sich auf sie beziehen, die Inhaberin von märchenhaften Reichtümern, die sie spontan ihren Schützlingen darbietet oder deren sich die Menschen bemächtigen, nachdem sie sie getötet oder in die Flucht geschlagen haben. Es gibt noch eine andere Art, sie zu erhalten: Dzonokwa hat einen Säugling, der niemals weint, wie sie stolz behauptet (im Unterschied zu den Kindern, die sie raubt). Wem immer es gelänge, sie mit ihrem Sprößling zu überraschen und diesen durch Zwicken zum Schreien zu bringen, würde von der Menschenfresserin kostbare Geschenke bekommen: einen magischen Einbaum, Wasser, das jung macht, und einen Strahl, der den Tod bringt. Besucht man

Dzonokwa unangemeldet, so findet man sie häufig damit beschäftigt, einen Einbaum aus einem Baumstamm zu höhlen; aber wegen ihrer Blindheit oder ihrer schlechten Augen durchlöchert sie unweigerlich ihr Werk. Diese Ungeschicklichkeit überrascht um so weniger, als die Figur mit der Erde verbunden zu sein scheint; wenn Dzonokwa bei jeder sich bietenden Gelegenheit die Fische der Indianer stiehlt, so deshalb, weil es ihr selbst an den Früchten des Wassers mangelt. So wie die Mythen ihre Reichtümer beschreiben, scheint es sich ausschließlich um Produkte der Erde zu handeln: Kupferplatten, Pelze, gegerbte Häute, Fett und Fleisch von Vierfüßlern, getrocknete Beeren: »O, wieviele Reichtümer sah man dort! Aber keine Nahrung aus Flüssen und Bächen . . ., denn alles, was sie ihren Gästen anzubieten hatte, war getrocknetes Fleisch.« Dennoch ist manchmal von einer »Dzonokwa des Meeres« die Rede; eine zeremonielle Schüssel stellt sie neben drei anderen Vertretern der Fische dar, in einem Haus, dessen auf die Außenwand gemalter Vorfahren-Geist ein Walfisch ist. Doch die Texte erwähnen auch einen »Walfisch des Waldes«. In beiden Fällen scheint sich die paradoxe Zuordnung eines Erd- oder Meereswesens zur entgegengesetzten natürlichen Umwelt weniger auf die Erde oder das Meer im absoluten Sinn zu beziehen, als vielmehr auf eine unterirdische Welt, deren Eingang, wie wir noch sehen werden, weit im Norden liegt, auf dem tiefsten Grund des Ozeans.

Es gibt auch monumentale Bildwerke von Dzonokwa. Eine über sieben Meter hohe Statue zeigt sie mit weit ausgebreiteten Armen, um die Heiratsgeschenke in Empfang zu nehmen, welche die Familie der Frau ihr schuldig ist. Wir haben bereits die riesigen Schüsseln erwähnt, die in den Bauch einer mindestens zwei Meter großen Menschenfresserin gehöhlt sind, wobei diese mit angewinkelten Beinen auf dem Rücken liegt. Kleinere Schüsseln befinden sich an der Stelle des Gesichts, der

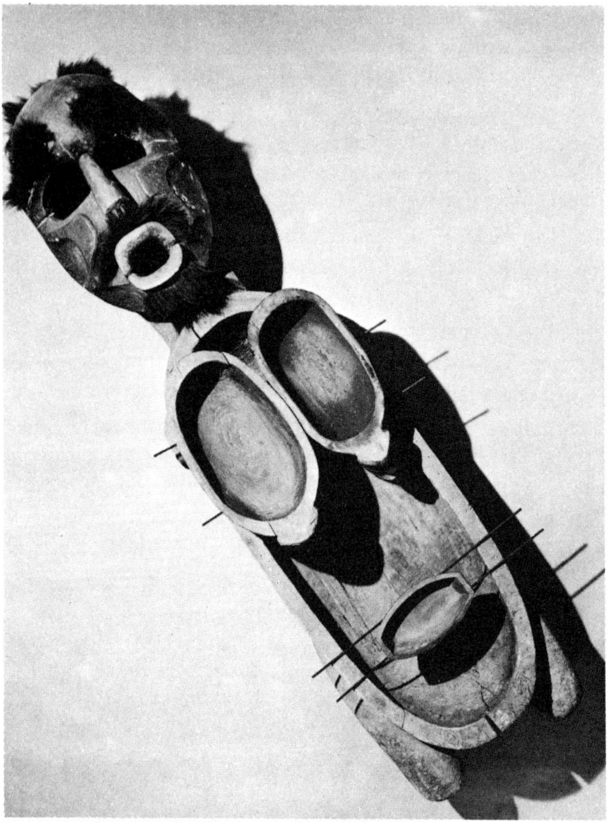

Zeremonielle Schüsseln, die den Kopf (Deckel), die Brüste, den Nabel und die Kniescheiben der Dzonokwa darstellen.

Brüste und der Kniescheiben. Alle diese Körperteile, die normalerweise konvex sind, werden also konkav (oben, S. 58). Ein schöner, wenig zitierter Text von Barrett präzisiert, daß die Leute nur ungern aus solchen Schüsseln essen. Wenn die Gäste wissen, daß ihr Gastgeber sie hervorholen wird, machen sie sich auf alles gefaßt. Jeder schmückt sich und bemalt seinen Körper, so daß er furchterregend aussieht, setzt sich seinem Rang entsprechend nieder und erwartet die Ankunft der Schüsseln mit gemischten Gefühlen: Furcht und Feindseligkeit. Es kommt der Augenblick, da die Männer aus dem Clan des Gastgebers unter rituellen Ausrufen die Schüssel hochheben, die bislang außerhalb des Hauses verborgen war, und sie hineintragen. Der Kopf, auf dessen Hals der Sohn des Häuptlings reitet, erscheint in der Türöffnung. Alsbald verlangt der Redner des ranghöchsten Stammes, daß die Träger anhalten. Singend verspricht er ein Fest, »damit Dzonokwas Kopf in unsere Richtung weise, denn wir sind der ranghöchste Stamm«. Die jungen Männer heben die Schüssel abermals hoch, setzen sich wieder in Bewegung, bis der Redner des zweiten Stamms sie auffordert, stehenzubleiben und ebenfalls ein Fest verspricht. Dies wiederholt sich so lange, bis alle eingeladenen Stämme gesprochen haben. Dann stellt man die Schüssel mit dem hinteren Teil zur Tür ab, falls nicht einer der Stämme zu arm ist, um mitzuhalten. In diesem Fall stellt man sie so ab, daß das hintere Ende in seine Richtung weist. Es folgt ein Handgemenge zwischen den Gastgebern und ihren Gästen, die sie auf diese Weise entehrt haben. Die Beleidigten versuchen, eine der kleineren Schüsseln ins Feuer zu werfen, oder die Gegner versuchen, einander in die Hauptschüssel zu stoßen: der höchste Schimpf, der diejenigen für immer unwürdig macht, »die in der zeremoniellen Schüssel gewaschen wurden«. Daher beobachtete man ängstlich jede Bewegung dieses Geschirrs. Sobald die Träger aus Unachtsamkeit das hintere Ende auf einen der eingeladenen Stämme richteten, wurde sofort Alarm geschlagen. Berichtigten die Schuldigen ihr Versehen nicht, wurden sie grob mißhandelt. Schließlich blieb die Schüssel in der richtigen Position stehen, d. h. hinter dem Herdfeuer, wobei das vordere Ende zum Mittelpfosten des Hauses wies. Der Häuptling schlug nacheinander auf die Teile des Tischservices, die dem Kopf, der rechten Brust, der linken Brust, dem Nabel, dem rechten Knie und dem linken Knie entsprachen. Man verteilte sie unter die Stämme in der Reihenfolge ihres Ranges und brachte sodann gewöhnliche Schüsseln und Löffel zur Verteilung der Nahrung, die man aus der Bauchhöhle schöpfte. Ein Vorsteher leitete die Unternehmung und gab die Zahl der jeder Gruppe von Geladenen zugewiesenen Schüsseln bekannt. Diese aßen an Ort und Stelle sehr wenig, denn der größte Teil der Nahrung war zum Mitnehmen bestimmt. In den zeremoniellen Schüsseln durfte man nur Robben- und Walfischfleisch, Fett, Früchte und andere pflanzliche Produkte servieren. Die Tiere der Erde, Fische und Muscheln waren ebenso ausgeschlossen wie gewöhnliche Nahrungsmittel, die nur bei kleinen Feierlichkeiten zulässig waren und in Schüsseln des täglichen Gebrauchs serviert wurden.

Alle diese Tatsachen machen die Verbindung zwischen der Figur von Dzonokwa und den angehäuften oder verteilten Reichtümern deutlich. Es gibt noch weitere, auf die wir ebenfalls hinweisen müssen. So die von einem Mythos (oben, S. 68) hergestellte Verknüpfung zwischen Dzonokwa und den heiratsfähigen Mädchen, um zu erklären, daß ihr ritueller Schmuck den von Dzonokwa nachahmt. Dieser Schmuck besteht aus Rindenstücken sowie Bändern aus Ziegenwolle, die den Körper der jungen Frau einschnüren und sie praktisch darin hindern, sich zu bewegen. Ein Text beschreibt eine Prinzessin in einer solchen Lage; sie trägt einen Gelegenheitsnamen, der etwa »Reglos-Sitzend-im-Haus« bedeutet. In der Tat kauert sie reglos, die Knie gegen die Brust gepreßt. Ihr tägliches

I Xwéxwé-Maske, die das Erdbeben darstellt. Kwakiutl.

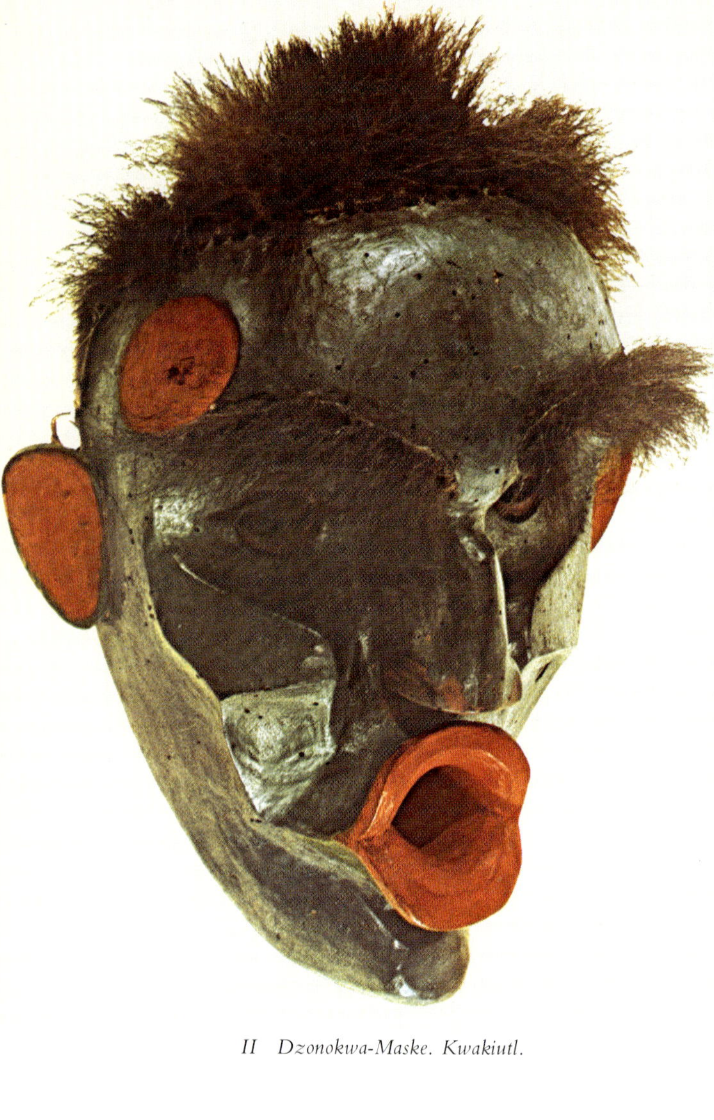

II Dzonokwa-Maske. Kwakiutl.

III Xwéxwé-Maske. Kwakiutl.

IV Swaihwé-Maske. Salish (Musqueam).

V Dzonokwa-Maske. Kwakiutl.

VI Verzierte Kupferplatte. Tlingit.

Mahl beschränkt sich auf vier kleine Stücke getrockneten Lachs, mit ein wenig Öl beträufelt, die ihr die Schamanen-Frau, die sich um sie kümmert, zwischen die Lippen schiebt; ihr Getränk besteht in etwas Wasser, das sie mit Hilfe eines Knochenröhrchens schlürft. Damit ihr Mund klein bleibt, darf sie ihn so wenig wie möglich öffnen, und beim Trinken muß sie sich mit vier Schluck begnügen, um nicht dick zu werden; erst dann erlaubt man ihr, langsam kauend zu essen. Solange ihr Einsiedlerdasein währt, darf sie sich nur alle vier Tage einmal waschen. Nach einem Monat befreit man sie von ihren Bändern, zupft ihr die Augenbrauen aus (oben, S. 68) und schneidet ihr die Haare. Die Schamanen-Frau hängt die Bänder an die Zweige eines Eibenbaums.

Besitzt der Vater der Prinzessin eine Kupferplatte, so legt er diesen kostbaren Gegenstand rechts neben seine Tochter, damit sie später mühelos diejenigen erhält, die sie ihrem künftigen Gatten auf dem Rücken bringen wird. Der rituelle Gesang des heiratsfähigen Mädchens richtet sich an ihre künftigen Bewerber: »Haltet euch bereit, o ihr, Söhne der Häuptlinge aller Stämme! Hier bin ich; mein Vater wird meinen Gatten zu einem großen Häuptling machen, denn ich bin selbst Herrin . . . Ich, die Herrin, ich komme, um eure Gattin zu sein, o Prinzen der Stammeshäuptlinge! Ich sitze auf Kupferplatten, und ich habe viele Titel und Privilegien, die mein Vater meinem künftigen Gatten verleihen wird . . .«

Bei den Kwakiutl bestand nämlich die Heirat, wie Boas gezeigt hat, in einer Art Kauf, der nach denselben Regeln und Prinzipien vor sich ging wie der einer Kupferplatte. Freilich, so fügt der Autor hinzu, darf man daraus nicht schließen, daß nur der Mann seine Frau kauft. Deren Familie kauft auch das Recht auf die Kinder, die aus dieser Vereinigung hervorgehen werden, und der Schwiegersohn erwirbt nichts für sich selbst, sondern lediglich für diese. Bei ihrer Geburt leistet die Familie der Frau dem Ehemann Zahlungen, die höher sind als diejenigen, die sie empfangen hat, als sie die junge Braut lieferte. Diese Gegengaben sind dazu bestimmt, die Frau »zurückzukaufen«; so daß die Frau, wenn sie beschließt, bei ihrem Gatten zu bleiben, dies freiwillig und sozusagen umsonst tut. Der Schwiegersohn antwortet also häufig mit einer neuerlichen Zahlung, um sich ein Recht auf seine Frau zu sichern. Das Band zwischen den matrimonialen Transaktionen und denen, die sich auf die Kupferplatten beziehen, wird auch daraus ersichtlich, daß sich die Frau vor und nach der Eheschließung bemüht, Kupferplatten anzuhäufen; vier von ihnen hängt sie ans obere Ende eines Stabes, den sie ihrem Gatten zum Geschenk macht.

Diese Bräuche erklären, warum Dzonokwa den heiratsfähigen Mädchen das rituelle Gewand schenkt, daß zuerst ihr gehörte. Mythen und Riten haben uns zwei Aspekte der Persönlichkeit der Menschenfresserin enthüllt. Zunächst ist sie eine Kinderräuberin, aber sie ist auch die Inhaberin und Geberin der Mittel des Potlatch, unter denen die Kupferplatten den höchsten Rang einnehmen. Eine dreiteilige Maske enthüllt, wenn man sie mit Hilfe eines Fadenmechanismus auseinanderzieht, einen Hintergrund aus Kupfer, der somit als das innerste Wesen der Menschenfresserin erscheint.

Wenn das junge Mädchen das heiratsfähige Alter erreicht, wird es Dzonokwa ähnlich, und zwar in doppelter Hinsicht. Sie schenkt ihrem künftigen Gatten die Kupferplatten, und sie raubt ihm im voraus die Kinder, die aus ihrer Vereinigung hervorgehen werden: denn sie werden ihrer Gruppe und nicht der ihres Gatten gehören.[5] In gewisser Hinsicht unterstreicht der Gegensatz zwischen den beiden Rollen der Menschenfresserin ihren asozialen Charakter; doch in anderer Hinsicht erfüllt das heiratsfähige junge Mädchen eine soziale Rolle sowie eine ökonomische Funktion, die sie als *gezähmte* Dzonokwa ausweist: indem sie heiratet, handelt sie ihren Angehörigen gegenüber wie Dzonokwa, während sie gleichzeitig die Richtung der Tauschgeschäfte zu deren Gunsten umkehrt. Die Menschenfresserin raubt den Menschen ihre Kinder und überläßt ihnen freiwillig oder gezwungen die Kupferplatten; die junge Braut hingegen raubt ihrer Familie die Kupferplatten und schenkt ihnen ihre Kinder. Als wahre Dzonokwa verhält sie sich vielmehr gegenüber ihren Heiratsverwandten: indem sie ihrem Gatten die künftigen Kinder raubt und ihm dafür die materiellen und immateriellen Reichtümer schenkt, deren Substanz oder Symbol die Kupferplatten sind.

Ebenso wurden bei den Salish die Swaihwé-Masken, Quelle und Symbol des Reichtums, von der Frau auf ihren Gatten übertragen. Auf diese Weise hat sich, wie wir sahen (oben, S. 21, vgl. unten, S. 128 f.), die Maske von den Gruppen des Fraser-Tals zu den Musqueam der Flußmündung, sodann nach Norden und Süden die Küste entlang und gegenüber auf der Insel Vancouver ausgebreitet. Auf dieselbe Weise haben die Inselbewohner sie den südlichen Kwakiutl übermittelt.

Dagegen löst sich das bei den Salish so offenkundige Band zwischen Swaihwé und Reichtümern bei den Kwakiutl auf, die ihrer Xwéxwé-Maske eine diametral entgegengesetzte Funktion zuschreiben. Diese Masken sind nämlich geizig; und sie verhindern, daß die Zuschauer reich werden, statt ihnen dabei behilflich zu sein (oben, S. 44, 49). Nach den vorstehenden Erwägungen, die es uns erlaubten, in Dzonokwa das Prinzip aller Reichtümer zu sehen, wird also eine Korrelations- und Gegensatzbeziehung zwischen den beiden Maskentypen und den jeweiligen Funktionen sichtbar, welche die beiden Gruppen ihnen zuweisen. Die kanonische Formel dieser Beziehung läßt sich wie folgt ausdrücken:

Wird von einer Gruppe zur anderen die plastische Form beibehalten, so kehrt sich die semantische Funktion um. Wird dagegen die semantische Form beibehalten, so kehrt sich die plastische Form um.

Fassen wir zusammen. Unter dem einzigen Vorbehalt stilistischer Unterschiede finden wir alle plastischen Merkmale der

Swaihwé-Masken bei den Kwéxwé-Masken der Kwakiutl wieder, wobei diese letzteren jedoch die entgegengesetzte Funktion haben und nicht freigebig, sondern geizig sind. Die Dzonokwa-Maske dagegen, die gleich der Swaihwé-Maske Reichtümer spendet und sie wie diese von der Familie der Frau auf die des Gatten überträgt weist plastische Merkmale auf, die bis in die kleinsten Details eine systematische Umkehrung der Merkmale der Swaihwé-Masken bilden (oben, S. 56).
Damit ist der Nachweis erbracht, daß augenscheinlich so unterschiedliche Wesen wie der Swaihwé der Salish und die Dzonokwa der Kwakiutl, die miteinander zu vergleichen niemand in den Sinn gekommen wäre, nicht isoliert voneinander interpretiert werden können. Sie sind Teile eines Systems, in dem sie sich gegenseitig transformieren. Gleich den Mythen werden auch die Masken, zusammen mit den Mythen, die ihren Ursprung begründen, und den Riten, in denen sie in Erscheinung treten, erst durch die Beziehungen verständlich, die sie vereinen. Die weiße Farbe der Schmuckstücke der Swaihwé-Maske, die schwarze Farbe der Dzonokwa-Maske, die hervortretenden Augen der einen und die tiefliegenden Augen der anderen, die heraushängende Zunge und den Mund mit den vorgewölbten Lippen bedeuten einzeln genommen wenig, vielmehr daß sie einen gleichsam diakritischen Sinn haben. Die Zuordnung dieses oder jenes Merkmals zu einem übernatürlichen Wesen ist Funktion der Art und Weise, wie diese Wesen innerhalb eines Götterhimmels einander entgegenstehen, um komplementäre Rollen besser spielen zu können.
Damit könnte die Analyse abgeschlossen sein, da sie nur diesen Nachweis zum Ziel hatte. Dennoch ist es erlaubt, das Paradigma zu erweitern und die Untersuchung fortzusetzen, wodurch wir zu einer noch größeren Gesamtheit gelangen, welche die soeben eingegrenzte umschließt.

VII

Dzonokwa besitzt das Kupfer, und die Mythen erzählen, auf welche Weise die Menschen es von ihr erhielten und somit die ersten Potlatchs geben konnten. Aber woher kommt das kostbare Metall? Dies erzählen andere Mythen, indem sie den Ort enthüllen, zu dem einige vom Schicksal begünstigte Individuen gelangen konnten, dort das Kupfer empfingen und es ihren Mitbürgen brachten – ohne Vermittlung der Menschenfresserin.

Die Kwakiutl stellten sich das Meer als einen riesigen, nach Norden fließenden Fluß vor. Ebenfalls im Norden (andere Texte sagen im Westen – jedenfalls auf offener See) öffnet sich das Tor zur unterirdischen Welt, wo die Seelen der Toten den übernatürlichen Geistern begegnen. Bei Ebbe füllt das Meer die unterirdische Welt; bei Flut leert es sie. Über diese sowohl aquatische wie chthonische, von Ungeheuern und Seeungetümen bevölkerte Welt herrscht eine mächtige Gottheit: Komogwa, Herr aller Reichtümer. Sein Palast besteht ganz aus Kupfer, ebenso das Mobiliar, unter anderem das Sofa, auf das er seine korpulente Gestalt (die meisten Mythen beschreiben ihn als fetten Krüppel) sowie sein Boot legt. Seine Wächter sind Tauchervögel, seine Diener Robben, und er besitzt unerschöpfliche Vorräte.

Eine blinde Prinzessin, die ihre Sklaven auf dem Meer verloren hatten, landete eines Tages bei Komogwa, nach einer gefahrvollen Fahrt durch stürmische Fluten. Der Sohn des Gottes heiratete sie und gab ihr mit Hilfe eines Wunderwassers ihr Augenlicht zurück. Sie bekamen vier Söhne. Als diese herangewachsen waren, kehrten sie zu ihrer mütterlichen Familie zurück, getragen von einem magischen Boot aus Kupfer, das sich ganz von allein fortbewegte und mit Kupferplatten und anderen Geschenken beladen war. Einem anderen Mythos zufolge wurde eine Prinzessin von ihren Eltern einem stolzen Fremden zugesprochen, der sich als Bär herausstellte. Eine Gefangene dieses Blaubarts warnte sie; sie solle die Nahrung ihres Gatten nicht essen und sich vor allen Dingen ihm verweigern. Aber eines Tages wurde die Prinzessin vom Schlaf übermannt, und sie ließ sich einen Kuß rauben; alsbald wuchs ihr ein Bart bis zur Brust. Der Unglücklichen gelang es, in dem einzigen Boot des Ungeheuers zu entfliehen. Die Strömung trieb sie zur Küste, gegenüber derjenigen, wo ihr Entführer wohnte. Dort stand ein Haus, und sie trat ein. Eine auf dem Rücken liegende Person empfing sie, heiratete sie und befreite sie von ihren Barthaaren. Es war Komogwa, dessen Wohnung Haus-des-Glücks hieß. Und tatsächlich wurde die junge Frau allmählich glücklich und schenkte ihrem Gatten vier Kinder, abwechselnd Knaben und Mädchen. Aber schließlich sehnte sie sich nach den Ihren; voller Mitleid schickte Komogwa sie in ihr Dorf zurück, mit kostbaren Kupferplatten, riesigen Mundvorräten, zeremoniellen Schüsseln und verschiedenen Geschenken. Die Kwakiutl-Mythen berichten von weiteren Besuchen bei Komogwa: der Held ist ein Schamane auf der Suche nach übernatürlichen Kräften, oder ein junger Mann, der den Tod sucht, weil man ihn gedemütigt hat. In beiden Fällen läßt er sich auf den Grund des Wassers gleiten oder ziehen und gelangt zu Komogwa, der infolge einer Verwundung geschwächt ist, die nur der Besucher zu heilen vermag. Als Gegenleistung erhält er Reichtümer und magische Geschenke und kehrt nach Hause zurück.

Verweilen wir einen Augenblick bei der bärtigen Prinzessin des zweiten Mythos. Ihre Abenteuer spielen sich auf einer horizontalen Achse ab: zum einen auf dem Festland, wo sie ihr Bären-Gatte gefangenhält, zum anderen auf hoher See, wo sie der Meeresgott empfängt. Diese Geschichte einer Frau zwischen zwei Männern hat eine andere zum Gegenstück, in der ein Mann zwischen zwei Frauen steht und die sich auf einer vertikalen Achse abspielt, zwischen der Erde (und sogar dem Himmel, da hier ein Vogel auftritt) und der chthonischen Welt. Der Häuptling eines Küstendorfs fing eines Tages einen geheimnisvollen weißen Schwan, der einen starken Kupfergeruch ausströmte. Als der Vogel sich in eine Frau verwandelte, heiratete er sie, obwohl sie nicht sagen wollte, woher sie stammt. Eines Tages schleppte sie ihren Mann weit ins Innere der Erde, unter dem Vorwand, ihn mit einer zweiten Frau zu verheiraten, der Tochter eines chthonischen Wesens. Durch die Öffnung, durch die dieses Wesen mit der Außenwelt verkehrte, reichte es dem Besucher einen Säugling sowie ein Nachtgeschirr voller Urin. Der Held, abgestoßen von der Vorstellung, monatelang diese kindliche Braut auf seinem Rücken tragen zu müssen, lehnte das Angebot höflich ab. Das war schlecht, denn er hätte den Säugling nur mit dem Inhalt des Nachtgeschirrs besprengen müssen, um ihn in eine liebreizende Frau zu verwandeln. Die erste Frau tadelte ihren Gatten, aber in Wahrheit war ihr weniger an einer Nebenfrau gelegen als vielmehr an den Karibu-Häuten, aus der die Mitgift bestand und die sie flugs an einen sicheren Ort brachte. Mit ihrer Hilfe verwandelte sie das Boot in ein Unterwassergefährt; damit konnte sie ihren Mann zu Komogwa bringen, der, wie man nun erfährt, ihr Vater ist. Sie brachte ihm die Güter der Erde, an denen es ihm mangelt: Fichtenstangen, Wurzeln, Koniferenzweige ... Denn Komogwa besitzt zwar die Lachse, aber kein Holz zum Bau von Fischreusen. Der Held blieb eine Zeitlang bei seinem Schwiegervater, kehrte dann mit seiner Frau und seinem Sohn, mit prächtigen Geschenken beladen nach Hause zurück.

Drei Aspekte dieser Mythen verdienen Aufmerksamkeit. Eine der Prinzessinnen, die Komogwa empfing, war blind; und man erzählt uns auch, daß sich Komogwa von menschlichen Augen ernährt, deren ursprüngliche Besitzer, so darf man vermuten,

infolgedessen blind wurden. Die Mythen der Pazifik-Küste sprechen häufig von einem übernatürlichen Kind, das allnächtlich den Bewohnern des Dorfes, in dem es sich befindet, die Augen herausreißt, um sie zu verspeisen. Den Tsimshian zufolge, Nachbarn der Kwakiutl, war dieses Kind der Sohn eines Prinzen und einer Seegöttin. Seinen verbrecherischen Machenschaften fiel die gesamte Bevölkerung zum Opfer, außer sein Vater und dessen Schwester. Von den Vorwürfen des Prinzen, ihres Gatten, überhäuft, versprach ihm die Dame des Sees, ihn sehr reich zu machen, und sie verwandelte ihre Schwägerin in Dame-Reichtum, eine Figur, auf die wir bald zurückkommen werden. Alle diejenigen, so sagte sie, die ihr Kind weinen hören, werden reich werden. Der Bruder und die Schwester trennten sich, er ging nach Norden, sie nach Süden. Die Dame des Sees aber, die sich in eine Sirene verwandelt hatte, wählte ihre Behausung auf dem Grund der Meere.
Wir kennen einen geschnitzten Haida-Pfahl, der einst in Tanu stand; eine von Eingeborenen hergestellte Kopie davon schmückt den Eingang des Museums von Victoria. Unter anderen mytischen Figuren stellt er einen »Meereshäuptling« mit heraushängenden Augen dar: seine Augen traten jede Nacht aus ihren Höhlen; zur Essenszeit setzten seine Freunde sie wieder ein, damit er sehen konnte, was er aß. So wie der Bildhauer sich diese unverwendbaren, durch kleine Gesichter dargestellten Augen vorstellt, fallen sie an langen Stielen bis zu den Füßen der Figur. Nichts kann besser mit den stechenden Augen der Swaihwé-Masken kontrastieren, die dauerhaft auf ihrem zylindrischen Sockel befestigt sind, gleichsam um zu unterstreichen, daß sie, anders als die Augen der Menschen, die man ausreißen kann, oder die Augen des »Meereshäuptlings«, die sich loslösen, unbeweglich sind. Nun bilden aber die Swaihwé-Masken für einen Bruder das Mittel, seine Schwester gut zu verheiraten (oben, S. 26); d. h. sie vernünftig zu verheiraten, in einer fremden, aber benachbarten Gruppe.

Alle Mythen dagegen, die direkt oder indirekt um das Thema der Dorfbewohner mit den hohlen Augen ranken, scheinen sich auf eine zu ferne Ehe zu beziehen, entweder mit Komogwa, der am Ende der Welt lebt, oder mit der Dame des Sees, die auf dem Grund des Wassers wohnt. Diese riskanten Heiraten können demjenigen, der sie eingeht, zum Vorteil oder zum Nachteil gereichen; aber wir sind wahrscheinlich nicht die einzigen, die sich das Glück als eine blinde oder blind machende Göttin vorstellen. Selbst wenn man diesen Vergleich für gewagt hält, ist es doch eine Tatsache, daß die bereits erwähnte Umkehrung zwischen den Salish und den Kwakiutl auch dann zwischen diesen beiden Völkern fortbesteht, wenn man sie aus einer anderen Sicht betrachtet: die Salish verbinden die maßvolle Exogamie und die vernünftige Bereicherung mit guten Augen, die Kwakiutl die maßlose Exogamie und die extravagante Bereicherung mit schlechten.

Die andere Prinzessin ist nicht blind; aber da sie mit einem Bären verheiratet ist (eine andere Form übertriebener Exogamie), erwächst ihr ein Bart, Vorzeichen ihrer möglichen Verwandlung in Dzonokwa, eine Figur, die durch ihre Behaarung auffällt. Als das Boot ihres Mannes anlegt, kann sie das allzu steile Ufer nicht erklimmen. Er nimmt sie also auf seinen Rücken, so wie Dzonokwa die Kinder, die sie raubt, was jedoch der Held des zweiten Mythos für seine kindliche Gattin zu tun sich weigert. Dann zieht sich der Bären-Gatte, der seine Frau trägt, an einer mächtigen Koniferen-Wurzel hoch, welche die Erosion bloßgelegt hat und die bis zum Meer hinunterreicht (während in dem anderen Mythos gerade die Wurzeln es sind, die den Reichtümern von Komogwa fehlen). Alle diese Hinweise lassen vermuten, daß Komogwa, Dzonokwa und die Menschen ein System bilden. Jeder einzelne Terminus definiert sich darin durch den Besitz zweier Arten von Reichtümern sowie den Mangel einer dritten. Komogwa hat das Kupfer und die Fische, aber keine Waldprodukte. Dzonokwa hat diese letzteren und das Kupfer, aber es fehlen ihr die Fische, die sie den Menschen stehlen muß. Schließlich haben die Menschen Fische und Waldprodukte, aber kein Kupfer, solange sie es nicht von Komogwa oder Dzonokwa erhalten:

	Kupfer	*Waldprodukte*	*Fische*
Komogwa:	+	-	+
Dzonokwa:	+	+	-
Menschen:	-	+	+

Dieses dreiteilige System, das die Menschheit mit zwei Arten von übernatürlichen Wesen verbindet und ihnen entgegensetzt, erklärt zweifellos die Affinitäten zwischen Komogwa und Dzonokwa: beide sind Kannibalen, und es gibt eine Dzonokwa des Meeres, obwohl sie im wesentlichen eine erdgebundene Figur ist; doch ob irdisch oder aquatisch – immer bleibt sie chthonisch, so wie auch Komogwa zuweilen als ein Geist beschrieben wird, der im Innern der Berge wohnt. Ferner steht eine Dzonokwa-Statue vor dem Eingang zu Komogwas Behausung.

Der letzte der drei oben erwähnten Aspekte wird uns länger beschäftigen. Ein bereits zitierter Mythos (oben, S. 87) gibt Komogwa eine Tochter: es ist eine Prinzessin, die sich zunächst in Form eines Schwans zeigt, der nach Kupfer riecht, und die später, als sie ihre menschliche Gestalt wieder angenommen hat, Zwillinge entgegengesetzten Geschlechts zur Welt bringt.
Das kleine Mädchen stirbt in zartem Alter, und der Knabe strömt denselben Geruch aus wie seine Mutter. Ob diese Prinzessin mit der Tochter identisch ist oder nicht, die andere Traditionen Komogwa zuschreiben, ist schwer zu sagen. Jedenfalls heißt sie dort Kominâga, »die reiche Dame«, Gattin und Komplizin von Baxbakwalanuxsiwaé, dem Kannibalen, der am Ende der nördlichen Welt wohnt«. Als solche spielt sie eine wichtige Rolle bei der Initiation in die Bruderschaft der Kanni-

balen, die, wie wir uns erinnern (oben, S. 59), die höchste Geheimgesellschaft der Kwakiutl ist.

Der Kupfergeruch, ein charakteristisches Merkmal der Tochter und des Enkels von Komogwa, heißt in der Kwakiutl-Sprache *kîlpala,* ein Terminus, der auch den Lachsgeruch bezeichnet. Auf diesem Wege begegnen wir erneut der Äquivalenzbeziehung zwischen Kupfer und Lachs, die schon aus den Salish-Mythen hervorging (oben, S. 36, 41), doch diese Annäherung ist noch weit ergiebiger. Die Mythen der Insel-Salish vom Ursprung der Swaihwé-Masken vergleichen den charakteristischen Geruch eines der Protagonisten mit dem Geräusch des Sistrums, das er in der Hand hält: in der Tat birgt dieser Geruch oder dieses Geräusch die Gefahr, die Lachse zu erschrekken (oben, S. 23). Was die Mythen der Salish des Fraser und der Küste betrifft, so ist ihr Held ein Knabe, der an einer stinkenden Lepra leidet: er fischt einen Lachs, der sich in einen Frosch verwandelt, was seine Verwirrung auf die Spitze treibt. Oder die Krankheit selbst entweicht seinem Körper in Form von Fröschen; während die Kwakiutl in einer sehr ähnlichen Erzählung eine heilende Kröte auftreten lassen, die Kupfer spendet. Hier also bringt ein vierteiliges System ein Geruch (der überall als schwer erträglich beschrieben wird, selbst wenn er einer so hoch geschätzten Substanz wie dem Kupfer entströmt: von Komogwas Schwiegersohn heißt es, daß »er den starken Geruch seines Sohnes nicht ertragen konnte, denn dieser stank nach Kupfer«), das Kupfer selbst, die Frösche und die Lachse in enge Verbindung. Wir werden auf diese Assoziation bald zurückkommen.

Mag Kominâga nun dieselbe Tochter von Komogwa sein, von der anderswo die Rede ist, oder eine andere – wir müssen feststellen, daß wir nicht viel über diese »Reiche Dame« wissen. Die Heiltsuq oder Bella Bella, Nachbarn und nahe Verwandte der Kwakiutl, geben ihr denselben Namen und sind etwas deutlicher. Sie erzählen, daß eines Tages eine junge Frau auf

Bären-Exkremente trat. Angewidert stieß sie Beleidigungen gegen das Tier aus. Dieses erschien alsbald und fragte sie, welche Art von Exkrementen sie denn selbst ausscheide, um es wagen zu können, die seinen zu kritisieren. Dreist gab sie zur Antwort, sie seien aus Perlmutt und Kupfer. Als sie den Beweis dafür antreten sollte, hockte sie sich zum Scheißen nieder und schob eines ihrer Armbänder unter sich. Der begeisterte Bär heiratete sie und brachte sie in seine Behausung, deren geschnitzte Pfähle den Donnervogel darstellten, der auf dem Kopf einer Kawâka saß (Bella Bella-Äquivalent von Dzonokwa, oben, S. 70). Bald gebar die Frau einen jungen Bären. Später gelang es ihren Brüdern, sie zu befreien und sich der Geräte zu bemächtigen, die zum »Tanz des kannibalischen Bären« gehörten. Kurz nachdem sie wieder im Dorf waren, verschwand der älteste der Brüder sowie die Schwester; dann kehrten sie zurück, er als kannibalischer Tänzer, sie als Kominâga.
Die Heirat einer übernatürlichen Frau mit dem Kannibalen – der-am-Ende-der-Welt-lebt, oder die Heirat einer menschlichen Frau mit einem Bären zeigen auf verschiedenen Ebenen das Beispiel einer unmäßigen Exogamie. Die Tlingit, die denselben Mythos haben wie die Bella Bella (im übrigen kennen ihn alle Küstenvölker), fügen als Kommentar hinzu, daß seither die Frauen, wenn sie die Spuren des Bären sehen, ihn mit Lob überhäufen und anflehen, sie nicht zu entführen. Dieser extremen Form von Exogamie steht entgegen, was sich als ihre unterste Grenze betrachten läßt: die zu enge Nähe eines Bruders und einer Schwester, welche die Bella Bella in der Schlußphase ihres Mythos veranschaulichen. Die Bella Coola, zwischen den Kwakiutl und den Bella Bella versprengte Salish, haben eine Variante, die diese Interpretation bestätigt. Ihnen zufolge verwandelte sich die Gattin des Bären selbst in eine Bärin, die alle ihre Angehörigen umbrachte, außer ihren Bruder und ihre Schwester, denen es gelang, sie zu töten, und die inzestuöse Gatten wurden. Wir treffen also immer wieder auf dasselbe

Thema: das der Schlichtung zwischen einer zu nahen und einer zu fernen Heirat.

Wenn die Tochter von Komogwa oder die »Reiche Dame« der Kwakiutl in ein gewisses Dunkel gehüllt bleibt, so sind wir über die Figur der Dame-Reichtum besser unterrichtet, die ihr bei ihren Haida- und Tlingit-Nachbarn entspricht. Die letzteren nennen sie Djilaqons, das wichtigste der übernatürlichen Wesen, welche die Quellen der Küstenflüsse heimsuchen und Herrinnen der Fische sind. Der Ursprung des Haida-Clans der Adler geht auf einen Vorfahren zurück, der Djilaqons raubte und heiratete (vgl. oben, S. 87). Sehr viel später fanden Fischer eines Tages im Fluß einen Frosch mit kupferner Haut; sie quälten ihn, versuchten vergebens, ihn zu verbrennen, aber kamen selbst dabei um. Djilaqons tauchte auf, einen Stock in der Hand. Wie die Dzonokwa der Kwakiutl stotterte sie: sie litt also an einer Störung der mündlichen Kommunikation, parallel zur Störung der visuellen Kommunikation (oder wie im Fall von Dzonokwa zusätzlich zu ihr), die ein mangelhaftes Augenlicht konnotiert (oben, S. 68, 74). Djilaqons ließ einen Feuerregen niedergehen, der die Dörfer der Schuldigen samt ihren Einwohnern vernichtete. Ihre Tochter, die einzige Überlebende, sammelte aus der Asche eine Fülle von Kupferplatten[6]; diese reiche Mitgift gestattete es ihr, einen Prinzen zu heiraten, mit dem sie sich im Tsimshian-Land niederließ (auf dem Kontinent gegenüber den Königin-Charlotte-Inseln, wo die Haida leben). Sie schloß also eine Ehe in fremdem Land, jedoch in der rechten Entfernung, gleich denen, um die sich in der Wirklichkeit die adligen Familien bemühten.

Djilaqons trägt auch den Namen Skîl-dja'a-dai, »Dame-der-Besitztümer«, sonst bezeichnet das Wort *skîl* einen übernatürlichen Vogel. Niemand hat ihn je gesehen, doch wer immer seinen Laut vernimmt, der an den einer Glocke oder gegeneinanderstoßender Metallplatten erinnert, wird reich. Glück wird auch demjenigen verheißen, der Djilaqons sieht, vor allem, wenn es ihm gelingt, einen Zipfel ihres Mantels zu erhaschen, oder wenn er ihr Kind weinen hört. Die Kwakiutl sagen dasselbe von Dzonokwa, wenn man ihr Kind durch Zwicken zum Weinen bringt, obwohl seine Mutter behauptet, daß es niemals weint (oben, S. 76) Es hat also den Anschein, als ob bei diesen Indianern mehrere Eigenschaften, die üblicherweise der Dame-Reichtum zukommen, von Dzonokwa übernommen werden – eine Dame-Reichtum auf kleinem Fuß, so könnte man sagen, wenn sie nicht eine Riesin wäre – und als ob sich die geringere Bedeutung, die sie der »Reichen Dame« geben, daraus erklärt.

Die Haida und die Tlingit haben ein Äquivalent von Komogwa, den die einen Qonoqada und die letzteren Gonaqadet nennen. Der Status des Meeresungeheuers, das die Haida Wasgo nennen, ist weniger deutlich, obwohl er, wie Gonaqadet, den Tod findet, als er in einem gespalteten Baum in die Falle geht. Das Wort Gonaqadet hat zwei Bedeutungen; es bezeichnet zunächst ein Meeresungeheuer, das denen, die es erblicken, unermeßliche Reichtümer verschafft, und dessen Töchter, Homologe der Djilaqons der Haida, den Tlingit zufolge Herrinnen der Küstenflüsse sind. Wir erinnern uns, daß bei den Kwakiutl Kominâga, die »Reiche Dame«, auch die Tochter von Komogwa ist. Andererseits nennen die Tlingit Gonaqadet die Fremden, die zu einem Fest geladen sind. In der Tat müssen sie die Einladung bald noch üppiger erwidern, und ihr Besuch, wie der von Gonaqadet, kündigt alle möglichen Geschenke an. Dieser Vergleich bringt uns die große Statue von Dzonokwa in Erinnerung, die Curtis im Kwakiutl-Land photographiert hat und deren weit ausgebreitete Arme die erwarteten Geschenke empfangen, welche die Familie der Frau schuldet, als Gegenleistung für diejenigen, welche die Familie des Gatten bereits gegeben hat (oben, S. 77).

Die Dame-Reichtum der Tlingit, Lenaxxidek, kommt in einer

Geschichte vor, die der eines bereits erwähnten Tsimshian-Mythos (oben, S. 88) sehr ähnlich ist. Eines Tages raubte ein Indianer einen weiblichen Säugling, dessen Mutter eine Wassergottheit war. Aber jede Nacht riß der Säugling den Dorfbewohnern die Augen aus und aß sie. Nur einer einsamen, kranken Frau gelang es, samt ihrem Kind dem kleinen Ungeheuer zu entkommen, das sie mit ihrem Stock tötete (Attribut der Dame-Reichtum der Haida, oben, S. 93). Sie wurde Lenaxxidek. Wer immer ihr Kind weinen hört und sich seiner bemächtigt, darf es nur im Tausch gegen die Kupferplatten zurückgeben, die sie besitzt. Sie verletzt den Räuber mit ihren kupfernen Fingernägeln am Rücken und verkündet ihm, daß alle, die ein Stück Grind seiner langsam vernarbenden Wunden als Geschenk erhalten, reich werden, was auch tatsächlich geschieht. Im übrigen gibt es ein Zeichen für die Anwesenheit von Dame-Reichtum: sie hat die seltsame Gepflogenheit, die Schalen der Muscheln, die sie verzehrt, sorgfältig aufeinanderzustapeln. Ein zeremonieller Stab der Kwakiutl, mit übereinanderliegenden Kupferplatten verziert, veranschaulicht eine Legende über Muschelschalen, die man am Ufer aufgelesen hat und die sich in Kupferplatten verwandelten. In anderen Mythen der Gegend werden Schorf von Wunden oder Rotz, die man in immer größere Muschelschalen legt, langsam größer, bis ein Kind daraus wird, das für große Dinge bestimmt ist. Die Tlingit dagegen verboten, die auf dem Strand liegengebliebenen Schalen aufzusammeln. Wer diesem Verbot zuwiderhandelt, beschwört ein Unwetter herauf. Es scheint also, als hätten die leeren Muschelschalen einen mystischen Wert, vielleicht weil sie als natürliche Gegenstücke der Kupferplatten auftauchen, deren anatomische Äquivalente, den Mythen zufolge, der Schorf der Wunden selbst ist. Genauer gesagt, leere Muschelschalen, Wundgrind und Kupferplatten scheinen durch eine doppelte Beziehung miteinander verbunden: eine metaphorische, da die leeren Schalen den Kupferplatten ähneln und der Grind gleichsam die Schale der Person ist; und eine metonymische, insofern die Mythen die Muschelschalen und den Schorf zu zwei Mitteln machen, sich die Kupferplatten zu verschaffen.

VIII

Die übernatürlichen Geister, die einen Säugling haben, der weint oder zum Weinen gebracht werden muß, oder die selbst wie kleine Kinder schreien, sind in Amerika weit verbreitet, und man darf vermuten, daß dieses Thema archaisch genug ist, um sich in beiden Hemisphären verbreitet zu haben. Die alten Mexikaner sahen im Otter – *auitzol* in der Nahuatl-Sprache – eine unheilvolle Verkörperung des Gottes Tlaloc und sprachen ihm einen Schrei zu, der dem eines weinenden Kindes ähnelt; doch wehe dem, der sich mitleidig auf seine Suche macht: er wird gefangengenommen und ertränkt. Diese Vorstellung ist für uns um so interessanter, als die Kwakiutl den negativen Wert, den die Mexikaner den Ottern gaben, ins Positive kehrten; denn für sie waren die Seeottern Spender großer Reichtümer. Bei ihnen verdoppelt folglich die Funktion der Ottern die der Dame-Reichtum. Für ihre Tsimshian-Nachbarn war diese nun aber eine Wasserkreatur, die der Schwester ihres menschlichen Gatten ein »Gewand des Reichtums« zum Geschenk machte; und den Haida und den Tlingit zufolge macht Dame-Reichtum jeden reich, der ihr Kind weinen hört.

Ähnliche Vorstellungen herrschten in Südamerika. Im gesamten guayanisch-amazonischen Areal spricht man von Wassergeistern, die wie kleine Kinder weinen. Einer dieser Geister zeigt sich in Gestalt einer wunderschönen Frau, die alle Knaben umbringt, die sie verführt. Die Arawak aus Guayana sind den Indianern der Nordküste des Pazifik noch näher, denn sie glauben an eine »Dame des Wassers«, die, wenn sie von einem Menschen überrascht wird, ihren silbernen Kamm am Ufer zurückläßt.

Die im Norden und Osten an die Tlingit angrenzenden Tagish

kennen ebenfalls eine Dame-Reichtum, die sie in Gestalt einer Frosch-Frau darstellen. Wem es gelingt, sich ihres weinenden Kindes zu bemächtigen, darf es so lange nicht zurückgeben, bis die Frosch-Frau Gold geschissen hat: diese Verbindung zwischen dem Frosch und den kostbaren Metallen war uns schon weiter im Süden aufgefallen (oben, S. 39, 91). Denn den Kwakiutl zufolge kann der Frosch sehen, was sich auf dem Grund des Wassers befindet, und diese natürliche Gabe erlaubt es ihm, die reiche Behausung von Komogwa zu entdecken. Zur Belohnung erhält er das Privileg, das Kupfer mit seinen Zähnen zu schneiden. Obwohl die Salish noch weiter von den Tagish entfernt sind, bilden sie ein Echo zu ihnen mit dem Glauben an ein übernatürliches Wesen, das einem Frosch ähnelt und wie ein Baby schreit. Wer immer es findet, in eine Decke hüllt und bei sich behält, wird unweigerlich reich. Dieser Geist heißt in der Sprache der Salish Komakwé, was vielleicht derselbe Name ist, den die Kwakiutl dem Reichtum spendenden Meeresgott Komogwa geben. Der Salish-Glaube erinnert auch an einen Haida-Zauber in Form einer kleinen untersetzten Figur. Wer sie raubt und mit kostbaren, ebenfalls gestohlenen Gegenständen vollstopft, dem garantiert ihr Besitz einen Überfluß an Decken und Kupferplatten.
Die Tagish sind Dene, Mitglieder der Athapaskan-Sprachfamilie, die etwa ab dem 50. Breitengrad den gesamten Nordwesten Nordamerikas bevölkerte, hinter den Küstenstämmen, mit denen wir uns bisher befaßten. Nun haben aber auch die Dene Mythen über eine Dame-Reichtum, deren Namen ein französischer Missionar aus der zweiten Hälfte des 19. Jahrhunderts, Emile Petitot, durch eine Redewendung wiedergegeben hat: die-Frau-mit-den-Metallen, was wörtlich zu verstehen ist. Denn die Indianer schreiben dieser nicht göttlichen, sondern menschlichen Frau die Entdeckung des Kupfers zu. Und wenn andererseits die Dame-Reichtum der Tlingit und der Haida ein weinendes Kind hat, so hat die Frau-mit-den-

Metallen ein gefräßiges Kind, das also auf andere Weise seine Aufsässigkeit zum Ausdruck bringt.

Der Mythos der Frau-mit-den-Metallen ist uns durch viele Varianten bekannt. Ihre allgemeine Ökonomie unterscheidet sich lediglich in einem Punkt: bald erklärt der Mythos, warum es schwierig wurde, das Kupfer abzubauen, bald erklärt er, warum die Europäer und nicht die Indianer heute die Metalle besitzen. In beiden Fällen geht es also darum, einem Verlust Rechnung zu tragen, der einmal relativ, einmal absolut ist. Doch überall ist die Heldin eine Dene-Frau, die ein Eskimo-Jäger entführte, weit nach Norden schleppte und heiratete. Sie bekamen einen Sohn; eines Tages lief die Frau mit ihm fort. Mit einem Pfriem bewaffnet, den sie ans Ende eines Stocks heftete, gelang es ihr, einen Karibu zu töten, den sie kochte. Das Kind stürzte sich mit solchem Heißhunger auf das Fleisch, daß die Frau es mit der Angst bekam und es im Stich ließ. Allein machte sie sich wieder auf den Weg nach Süden, erblickte unterwegs helle Lichter, die sie zuerst für Lagerfeuer hielt: es war der Schimmer einer unbekannten Substanz, aus der sie sich, indem sie die hämmerte, ein Messer anfertigen konnte. Die Frau setzte ihre Wanderung fort, kam bei den Ihren an und erzählte ihnen von ihrer Entdeckung. Sie willigte ein, die Männer zum Kupfer zu führen, unter der Bedingung, daß sie sich verpflichteten, sie zu achten. Doch als die Männer alle Metallwerkzeuge hergestellt hatten, die sie wollten, vergewaltigten sie sie. Die Frau weigerte sich, mit ihnen heimzukehren und blieb zurück. Bei ihrer nächsten Reise fanden die Männer sie an derselben Stelle wieder, jedoch bis zum Gürtel in die Erde versunken; auch das Kupfer war zur Hälfte eingesunken. Abermals weigerte sie sich, die Männer zu begleiten, und sie befahl ihnen, ihr beim nächsten Mal Fleisch mitzubringen. Aber beim nächsten Mal waren die Frau und das Kupfer verschwunden. Die Männer ließen das Fleisch zurück. Ein Jahr später fanden sie es wie-

der, verwandelt in Kupfer, das entweder zu hart oder zu weich war, je nachdem, ob das Fleisch von der Leber oder von den Lungen stammte. Andere Versionen sagen nur, daß das Kupfer unter der Erde verschwunden war.
In einem anderen Buch haben wir zwei Bilder einander gegenübergestellt, das des Einbaums und das der schwimmenden Insel, und vorgeschlagen, darin zwei Körper zu sehen, die sich auf der Oberfläche des Wassers bewegen, wobei das eine die Kultur, das andere die Natur darstellt. Der Mythos von der Frau-mit-den-Metallen bestätigt diese Interpretation. Die Flüchtende sieht von Ferne eine Herde Karibus, die sie zuerst für eine schwimmende Insel hält; und zumindest eine Version erzählt, daß die Frau jede Nacht ihr Boot, in dem sie flieht, an einer Stange festmacht, die im Sumpf steckt; sie übernachtet auf einem seichten Meer, und das reglose Schiff wird ihr zum Haus. Nichts könnte besser, sogar doppelt verdeutlichen, daß die Flucht der Frau, die eine eheliche Verbindung zerreißt, das Gegenteil einer Reise im Einbaum ist, obwohl diese ebenfalls zu Wasser unternommen wird. Denn in anderen amerikanischen Mythen symbolisiert die Reise im Einbaum die Suche nach einer Gattin, die sich in der rechten Entfernung befindet, umgekehrt zu der Heirat der Frau des vorliegenden Mythos, die von einem Eskimo geraubt wurde und sich sehr »hoch im Norden, auf der anderen Seite des Wassers« niederließ; also in einer Entfernung, die zu groß ist, als daß sie dauern könnte. Dieser allzu fernen, von einem Feind aufgezwungenen Vereinigung steht das gleichermaßen – wiewohl in anderem Sinn – unmäßige Verhalten der Verwandten der Heldin entgegen, die zumindest einen sozialen Inzest begehen, indem sie sie vergewaltigen, ein Vergehen, das den Verlust des Kupfers oder zumindest die Tatsache zur Folge hat, daß es seitdem schwer abzubauen ist.

Diese Lektüre des Dene-Mythos in Termini des soziologischen Codes wird durch einen symmetrischen Mythos der Tlingit bestätigt. Ein inzestuöses Geschwisterpaar mußte sich trennen. Der Bruder verwandelte sich in den Donnervogel, der für Orkane und Unwetter verantwortlich ist. Einmal im Jahr, zur Zeit der Gewitter, kehrt er zurück, um seine Schwester zu besuchen. Diese Schwester – die in den alten Quellen Agischanak, in den neueren Hyicanak heißt – war auf dem Gipfel eines Berges in die Erde versunken. Seither trägt sie die Säule, auf der die Erde ruht, aus Freundschaft zu den Menschen, die Feuer machen und sie wärmen, denn wenn sie Hunger hat, erbebt die Erde, und die Menschen verbrennen Fett, um sie zu nähren. Anderen Versionen zufolge kommt es zu Erdbeben, wenn sie dem Raben Widerstand leistet, dem trügerischen Gott, der sie anrempelt, damit sie die Säule, welche die Erde trägt, losläßt, um die Menschen zu vernichten. Sollte dieser Mythos vom Ursprung der Erdbeben in einem symmetrischen Verhältnis zu dem Dene-Mythos stehen, dann folgt daraus, daß die Bewegung, durch welche die Heldin dieses letzteren Mythos mit dem Kupfer in die Erde versinkt, ein umgekehrtes Erdbeben ist: im einen Fall öffnet sich die Erde, im anderen schließt sie sich. Wir kommen auf diesen Punkt noch zurück.

Im Augenblick interessieren uns zwei andere Details. In den jüngeren Versionen des Tlingit-Mythos sind die Geschwister, die sich einer zu nahen Vereinigung schuldig machen, aus der Ehe zwischen einer Frau und einem Hund hervorgegangen, d. h. einer zu entfernten Vereinigung, die das Gerüst des Dene-Mythos und anderer, die wir bereits untersucht haben, wiederherstellt. Zudem hat der inzestuöse Bruder von seiner Verfehlung eine verdienstvolle Tat vollbracht, indem er einem Bären seinen »glänzenden und schneidenden Reif« stahl, den er zerbricht und dessen Stücke er in die Luft wirft, wo sie zum Regenbogen werden.

Diesem Reif begegnen wir weiter südlich bei den Salish wieder, zunächst in einem Mythos der Squamish-Gruppe, der vom Ursprung des Kupfers handelt. Vermittels des Tlingit-

Mythos führt dieser Mythos also zu dem der Dene zurück, der dasselbe Thema behandelt. Zwei Brüder hatten jeweils sechs Söhne. Der jüngste Sohn eines der Brüder krankte an einem hervorquellenden Bauch. Eines Tages erblickten die zwölf Knaben einen Mann auf dem Gipfel eines Berges. Er warf einen großen Kupferring in die Luft, der in der Sonne glänzte, und holte ihn einatmend wieder zurück. Die zwölf Knaben stahlen den Reif und warfen ihn fliehend einander zu. Doch der Eigentümer verfolgte sie und tötete einen nach dem anderen, außer den ungestalten Jüngsten, der seinem Gegner seinen vorstehenden Bauch entgegenstreckte. Dieser verwandelte sich in einen dichten Nebel, der ihm die Flucht ermöglichte. Über den Tod der Kinder verzweifelt, stürzten sich sein Vater und sein Onkel in die Flammen des Herdfeuers. Ihre Augen sprangen wie Funken empor, die rechten nach Norden, die linken nach Süden. Alsbald lichtete sich der Nebel. Nach dieser Bekundung seiner Trauer begann der Onkel des Überlebenden den Reif zu hämmern, und machte sich einen Kupferharnisch daraus. So geschützt und mit Mufflonhörnern bewaffnet, tötete er den Mörder seiner Söhne, holte ihre unversehrten Herzen aus dem Bauch des Ungeheuers, setzte sie wieder ein und machte die Knaben wieder lebendig. Sodann verwandelte der Onkel seinen Harnisch in einen schönen Jüngling, dem er Leben einhauchte. Ganz aus Kupfer, war er unverwundbar und wurde ein mächtiger Häuptling und ein großer Jäger.
Eine Vorstellung der Kwakiutl erhellt das Thema des hervorquellenden Bauchs. Wenn du eine Kröte berührst, so sagen diese Indianer, wird sie sich in deinem Bauch niederlassen. Du wirst unstillbaren Hunger haben, deine Haut wird grün werden wie die der Kröte, und deine Augen werden hervorquellen. Du wirst von Haus zu Haus gehen und um Nahrung betteln. Die Kröte wird in deinem Bauch wachsen; sie wird sich aufblähen und du wirst sterben. Von gefräßigen Kindern sagt man, sie ähneln Leuten, die eine Kröte im Bauch haben.

Diese Anmerkung ist sehr wertvoll, denn sie erlaubt es, das gefräßige Kind des Dene-Mythos mit dem jungen Helden des Salish-Mythos zu vergleichen, der einen hervortretenden Bauch hat. Es ist wirklich ein und dieselbe Figur, deren Wert sich freilich von einer Gruppe zur anderen umkehrt. Sehr viel weiter im Süden sprechen die Wasco, Chinook des unteren Columbia, in einem ihrer Mythen von einem weinerlichen Kind, das erst ein Jahr alt ist, die Vergangenheit kennt und die Zukunft voraussagt und dessen dicker Bauch wie eine Glocke tönt, wenn man dagegen schlägt. Eines Tages schlug die Mutter ihrem anderen Sohn vor, den Bauch des jüngeren mit Füßen zu treten, damit er kleiner werde; Schlangen, Eidechsen und Frösche kamen heraus. Später töteten die beiden Knaben die Sonne, deren Hitze den Menschen unerträglich war. Der ältere nahm den Platz des Tagesgestirns ein, der jüngere verwandelte sich in den Mond. Seither brennt die Sonne weniger heiß, und die beiden Gestirne wechseln sich regelmäßig am Himmel ab.

Es liegt auf der Hand, daß diese Mythen das Problem der »richtigen Entfernung«, das die Mythen, die wir bisher untersucht haben, in soziologischen Termini formulierten, in Termini des kosmologischen Codes transponieren. So wie die auf immer getrennten Geschwister des Tsimshian-Mythos (oben, S. 88) verteilen sich die Augen der beiden Väter des Salish-Mythos, die sich vermutlich in Sterne verwandeln, nach Norden und nach Süden. Der Chinook-Knabe mit dem dicken Bauch, der wie Metall tönt, wird zum Mond, sein Bruder zur Sonne, in rechter Entfernung sowohl voneinander wie von der Erde. Nun machen aber die Thompson, Salish des Innern, eine in Kupfer gekleidete Person – die merkwürdig an die aus dem Mythos ihrer Squamish-Nachbarn erinnert – zum Sohn der Sonne; aus diesem Grunde nennen sie einen bronzefarbenen Käfer »Sohn der Sonne«.

Wir erwähnten soeben die Thompson. Diese Indianer haben

mit ihren Shuswap-Nachbarn einen Mythos gemeinsam, der auch dem Squamish-Mythos sehr ähnlich ist, nur daß die Söhne der beiden Männer – die hier Coyote und Antilope heißen *(Antilocapra)* – nicht einen Kupferreif, sondern eine goldene oder kupferne Kugel voller Exkremente stehlen. Coyote bemächtigt sich der Kugel, die der einzig überlebende Sohn von Antilope mitgebracht hat (seine eigenen Söhne sind tot), und verwandelt sich in ein Hirschtier, das die metallene Hülle der Kugel wie ein Harnisch überzieht. Es tritt dem Mörder seiner Söhne und Neffen entgegen, fällt jedoch im Kampf, da ein Punkt seines Körpers verwundbar geblieben ist. Andere Versionen erzählen, daß die Kinder von Coyote und Antilope einander heirateten; diese Mischehen waren die Ursache der verschiedenen Haut- und Haarfarben, die man heute bei den Indianern beobachtet. Anderswo erklärt man diese Unterschiede durch die Heirat von Coyote mit zwei Frauen, deren Haut weiß bzw. rot war; oder der Mythos erklärt die heutige Entfernung der beiden Tierfamilien, die den Vätern der Helden ihren Namen geben. Der kosmologische oder soziologische Code wird hier also anatomisch oder zoologisch; aber stets handelt es sich um dasselbe Problem – das der Schlichtung zwischen distinktiven Abständen.

Verweilen wir noch einen Augenblick beim kosmologischen Code, der eine neue Wendung nimmt. Die Salish des Kontinents erklären die Existenz des Regenbogens oder der Sonne: ursprünglich war sie ein Kupferreif, gestohlen von einem Knaben, der bald hinkt (und folglich an einer Gangart mit anormaler Periodizität leidet), bald schmutzig oder und mit Wunden bedeckt ist, in dem wir mühelos den Helden der Mythen vom Ursprung der Swaihwé-Masken wiedererkennen (oben, S. 25). Eine Version der Skokomish-Gruppe präzisiert, daß dieser glänzende Reif einst ein Spielzeug der Reichen war, während die Armen nichts zu ihrer Unterhaltung besaßen. Der Raub des Reifs setzte dieser Ungerechtigkeit ein Ende. Ob dieser Kupferreif nun zur Sonne wird (Cowlitz-Version) oder ob seine Entwendung die zufällige Ursache für das Auftauchen des Regenbogens ist, wie die Skokomish sagen – künftig werden diese himmlischen Gegenstände für alle Menschen leuchten, unabhängig von ihrem sozialen Rang oder ihrem Reichtum.

Indem wir mit diesen Mythen zu den Salish zurückkehren, von denen wir zu Beginn dieses Buches ausgegangen waren, schließen wir einen Kreis. Dies gilt noch in einem anderen Sinn: mit dem Skokomish-Mythos steigt das – wenn man so sagen darf – demokratisierte Kupfer wieder zum Himmel auf, von dem es bei den Insel-Salish zuerst in aristokratischer Form herabgestiegen war: in Form der Swaihwé-Maske, dem Privileg einiger vornehmer Linien, die somit das Zaubermittel besitzen, sich zu bereichern. Sicherlich ist die Swaihwé-Maske nicht das Kupfer, aber sie erlaubt es, es zu erhalten. Dieses vererbte oder durch Heirat übertragene Mittel zur Bereicherung liegt in den Händen von Privilegierten, die denjenigen, die es zu teilen wünschen, eine Rente abverlangen. Dies zeigt, daß bei den Gruppen, in denen es die Maske gibt, die mythischen Vorstellungen, die sich auf sie beziehen, der sozio-ökonomischen Infrastruktur untergeordnet bleiben; sie könnten nicht behaupten, sie zu begründen, wenn sie sie nicht zuerst widerspiegelten.

Es ist also bezeichnend, daß die Mythen, die das Kupfer in Form von Himmelskörpern hypostasieren, aus Salish-Gruppen stammen, deren soziale Organisation gewiß nicht egalitärer war als die ihrer Nachbarn, die jedoch die Swaihwé-Maske nicht besaßen. Da ihnen diese Möglichkeit fehlte, die Ungleichheit durch einen magischen und rituellen Apparat zu sanktionieren und zu perpetuieren, konnten sie sich zumindest den billigen Luxus einer Ideologie leisten, die auf eine freilich metaphorische Weise – denn der Regenbogen und die Sonne, die am Himmel leuchten *wie* das Kupfer auf der Erde, haben in einem solchen Kontext lediglich metaphorischen Wert – der großen Mehrheit den Genuß des Kupfers zugesteht. Denn dieser von den Mythen verheißene Genuß des Kupfers ist illusorisch, da er sich auf himmlische Objekte bezieht, die allen Menschen ihre Wohltaten spenden und die Mythen diesen kostenlosen Vorteilen lediglich den Wert eines Symbols geben: Symbol materieller Reichtümer, die in der Realität den Bescheidensten spärlich bemessen sind.

IX

Der Dene-Mythos, den wir oben analysiert haben (S. 99 f.), erzählt, auf welche Weise die Indianer zuerst das Kupfer erhielten, in der konkreten Form von kleinen Brocken, die man an der Oberfläche der Erde im Rohzustand fand. Dazu war es nötig, daß eine Frau, die ein Eskimo-Feind geraubt hatte, die exogame – jedoch zu weit entfernte – Vereinigung löste, zu der dieser sie gezwungen hatte; ferner, daß sie den Ihren, indem sie sich von ihrem Gatten entfernte und sich ihnen näherte, von der Existenz des Kupfers berichtete, das sie unterwegs entdeckt hatte.

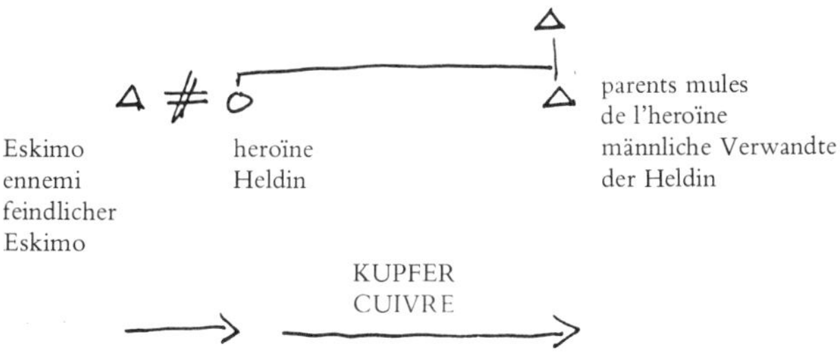

(faite et retour de l'heroïne rapportant le cuivre aux siens)
(Flucht und Rückkehr der Heldin, die den Ihren das Kupfer bringt)

Diese Strecke kehrt diejenige um, auf der den Kwakiutl zufolge die Frau sowie die Kupferplatten zu den Heiratsverwandten gelangen, nur daß diese Kupferplatten keine gediegenen Metallbrocken sind, sondern reich verzierte Platten, deren Funktion derjenigen entspricht, welche die Swaihwé-Masken bei den Salish haben; Masken und Kupferplatten zirkulieren tatsächlich in derselben Richtung:

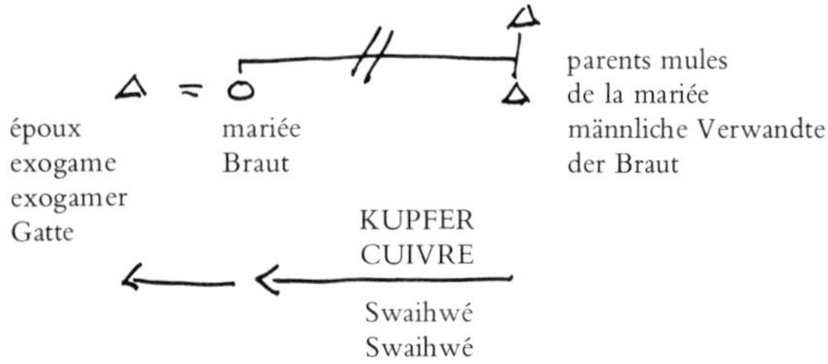

(seus du deplacement de la jeune femme et des prestations matrimoniales)
(Richtung der Wanderung der jungen Frau der matrimonialen Leistungen)

Folglich erzählt der Dene-Mythos das Gegenteil einer Heirat nach Art der Salish oder eines Heirats-Potlatch, wie er bei den Kwakiutl stattfand. Mehr noch. Der Dene-Mythos endet mit dem Verlust des Kupfers, eine Folge des Inzests, dessen die Angehörigen der Heldin sich schuldig gemacht haben, indem sie sie vergewaltigten. Damit steht er den Mythen der Küsten-Salish vom Ursprung des Swaihwé entgegen, in denen ein Bruder und eine Schwester einander gefährlich nahe stehen (so wie die Dene-Heldin und ihre »Brüder«, wenn sie zustimmt, allein mit ihnen zu gehen, eine Gefahr, deren sie sich so gut bewußt ist, daß sie ihnen beim Aufbruch das Versprechen abnimmt, sie zu achten), dieser gleichsam inzestuösen Situation dadurch entrinnen, daß sie die Swaihwé-Masken erhalten: Instrumente, wie die Mythen sagen, der exogamen Heirat, die auf diese Weise einer bedenklichen Vertrautheit ein Ende setzen. Wenn also bei den Dene das Kupfer den Indianern entzogen wird als Buße für einen Inzest, so wird den Salish die Swaihwé-Maske bewilligt als ein Mittel, diesen Inzest zu vermeiden.

Unter diesen Voraussetzungen müssen wir darauf hinweisen, daß die Salish-Gruppen untereinander eine systematische Exogamie praktizierten, hauptsächlich deshalb, wie die Beobachter sagen, um mittels dieser Ehebündnisse die Sicherheit ihrer Mitglieder in fremdem Land zu garantieren. Die exogame Heirat ist ein ähnlicher Schutz wie ein Harnisch. Damit wird verständlicher, daß die Squamish, deren Mythos vom Ursprung des Swaihwé, wie wir sahen, einen zweispältigen Charakter hat und ihnen vor allem dazu dient, auf der Tradition eines gemeinsamen Ursprungs die freundschaftlichen Beziehungen zu begründen, die sie mit ihren Nachbarn unterhalten (oben, S. 34), auch auf halbem Wege zwischen den Gruppen, bei denen die Swaihwé-Masken vom Himmel herabsteigen, und den Gruppen stehen, bei denen im Gegenteil das Kupfer zu ihm aufsteigt, wo es zu einem Himmelskörper oder einer Himmelserscheinung wird. Tatsächlich spielt ihr Mythos vom Ursprung des Kupfers ausschließlich auf der Erde, aus der das Kupfer stammt und auf der es zunächst in Form eines Harnischs verbleibt, der seinen Träger unverwundbar macht, sodann in Gestalt eines Helden mit einem Körper aus Kupfer, der dieselbe Eigenschaft besitzt (oben, S. 102).

Als Mittel der exogamen Heirat, d. h. der Verwandlung von realen oder potentiellen Feinden in Verbündete, erscheint also die Swaihwé-Maske in den Salish-Mythen als das, was das unwahrscheinlichste Einverständnis erzwingt. Die Kwakiutl besitzen den Swaihwé, den sie den Salish unter dem Namen Xwéxwé entlehnt haben, aber sie kehren seine Funktion um und verleihen sie dem Kupfer. Diese Funktion des Kupfers, analog der des Swaihwé, erstreckt sich nach Norden bis zu den Tlingit, welche die Maske nicht gekannt zu haben scheinen. In ihrer Version eines im übrigen weit verbreiteten Mythos tritt sie besonders deutlich hervor.

Eines Tages trat eine Prinzessin in die Exkremente eines

Grizzlybären. Sie stieß Flüche gegen das Tier aus; dieses erschien alsbald in menschlicher Gestalt und entführte sie. Doch es gelang ihr, zu fliehen (oben, S. 86, 91 f.), und sie fand ein magisches Boot, das sie zur Sonne brachte. Die Söhne des Gestirns verliebten sich in sie, aber sie waren schon verheiratet. Sie töteten also zuerst ihre gemeinsame Gattin, eine Kannibalin, und verstreuten ihren zerstückelten Körper. Die Teile fielen im Tsimshian-Land nieder, wo es seither von Kannibalen wimmelt. Die Heldin brachte ihre Sonnengatten sowie die Söhne, die sie ihnen geboren hatte, in ihr Dorf; man bereitete ihnen einen herzlichen Empfang, aber sie ließ sich von einem Landsmann umwerben, und ihre Gatten verließen sie. Sie stiegen wieder zum Himmel auf und verurteilten die Frau und das Kind zu einem elenden Schicksal. Diese lebten einsam und verachtet in einer armseligen Hütte, auf die die Dorfbewohner ihre Abfälle häuften. Aus diesem Grunde erhielt der Sohn den Spitznamen Knabe-aus-Unrat. Eines Tages entdeckte er das kupferne Boot seines Vaters, hackte es in Stükke, baute sich daraus ein kupfernes Haus, das unter dem Astwerk der Hütte verborgen war. Tagelang hämmerte er das Kupfer und füllte seine Wohnung mit Schätzen. Man muß wissen, daß man zu jener Zeit weder Eisen noch Kupfer kannte.

Ein junges Mädchen in heiratsfähigem Alter wohnte im Dorf, dessen Eltern alle Bewerber abwiesen. Unserem Helden gelang es, sie zu verführen, indem er sie, während sie schlief, an einer Kupferrolle schnuppern ließ. Sie folge ihm zu seiner Wohnung, war geblendet von der Tür aus reinem Kupfer und willigte ein, ihn zu heiraten. Man suchte sie allenthalben und entdeckte sie endlich in dem Haus, das, als man es von seiner Laubdecke befreite, so hell leuchtete, daß alle, die sich ihm näherten, unwillkürlich zurückwichen. Metallene Geschenke besänftigten den Vater des Fräuleins, und seither besitzen die Indianer das Kupfer.

Diese Heirat, die dank dem Kupfer geschlossen wird, vereinigt also doppelt entfernte Gatten: er ist himmlischer, sie irdischer Herkunft; man hätte befürchten können, daß ihre diametral entgegengesetzte soziale Stellung für immer eine Vereinigung unmöglich macht, die um so problematischer ist, als alle Bewerber bisher abgewiesen worden waren. Aber, so betont der Mythos, die Macht des Kupfers erzwingt das Einverständnis; und diese seine Macht rührt vor allem daher, daß es so stark glänzt, daß man ihm nicht ins Gesicht sehen kann: gleich der Sonne, deren Sohn der Knabe-aus-Unrat ist.

Wir erkennen den geheimen Grund für diese Macht: aus der Tiefe der Erde oder, wie es in den Mythen ebenfalls heißt, vom Grund des Wassers emporgezogen, bildet das Kupfer eine chthonische Sonne. Aufgrund seiner Leuchtkraft und seines finsteren Ursprungs verwirklicht das Kupfer eine Heirat der Gegensätze, was in Wahrheit jede Heirat in sozialen Systemen ist, die wie die der Pazifikküste durch einen dauernden Zustand der Spannung zwischen den Linien charakterisiert sind und wo allein die Heirat in rechter Entfernung eine Schlichtung zwischen den widersprüchlichen Prinzipien der Exogamie und der Endogamie bewirkt.

Wenn also die Swaihwé-Masken, wie diese Arbeit beweist, mit dem Kupfer kommutierbar sind, erhellen sich einige ihrer äußerlichen Besonderheiten. Die Swaihwé-Masken haben eine »Nase« und tragen »Hörner« in Form von Vogelköpfen; sie sind mit Federn geschmückt, und Federn herrschen auch im Kostüm der Tänzer vor. Tatsächlich lassen die Mythen der Insel-Salish sie vom Himmel herabsteigen. Doch aufgrund ihrer aquatischen Herkunft, welche die Mythen der Salish des Kontinents ihnen zuschreiben, denen zufolge sie aus einem See gefischt werden, sowie aufgrund ihrer heraushängenden Zunge – eines Organs, das andere Mythen mit einem Fisch vergleichen –, verwirklichen auch sie eine Heirat der Gegensätze: sie entstammen sowohl der Luft wie dem Wasser. Wir können sie also in jene große Familie der Vermittler einbeziehen, deren Funktion – wie die der gefiederten Schlange der alten Azteken – durch die Zusammenfügung normalerweise unvereinbarer Termini zum Ausdruck kommt: Himmel und chthonische Welt, oder Himmel und Wasser.

Der Frosch erfüllt dieselbe Funktion, jedoch aus anderem Grund: statt in seiner Person extreme und entgegengesetzte Termini zu vereinen, steht er auf halbem Wege zwischen Erde und Wasser. Wir erinnern uns der Rolle, welche die Mythen diesem Tier zuschreiben. In denen des Fraser-Flusses setzt der Held, der sich umbringen will, sein Vorhaben in die Tat um, als der Lachs, den er gefischt hat, sich einen Frosch verwandelt; oder er wird von dieser unseligen Tat abgebracht, wenn die Krankheit ihn in Form von Fröschen verläßt (oben, S. 29). Der ebenfalls kranke Held eines Kwakiutl-Mythos verdankt seine Heilung einer Kröte, die ihn mit einer Salbe einreibt, die sie ihrem Nest entnommen hat, und ihm ein kostbares Stück Kupfer schenkt (oben, S. 39). Die Dame-Reichtum der Haida rächt eine gepeinigte Fröschin, die zweifellos niemand anderes ist als sie selbst, während bei den Tlingit dieselbe Gottheit mit ihren kupfernen Fingernägeln diejenigen peinigt, die sie später aufgrund eben der Wunden reich macht, die sie ihnen zugefügt hat (oben, S. 95). Den Kwakiutl zufolge haben die gefräßigen Leute eine Kröte im Bauch (oben, S. 103); ein Glaube, den die Tsimshian umkehren, indem sie einen Helden, der nicht gierig, sondern freigebig mit Nahrung ist, zum Inhalt einer Fröschin statt zu deren Behälter machen.

Verweilen wir einen Augenblick bei diesem Mythos. Einem verachteten Waisenkind, Neffen des Dorfhäuptlings, gelingt es ganz allein, sich einer gleich einem flammenden Meteor vom Himmel gefallenen Kupfermaße zu bemächtigen, die auf dem Gipfel eines Baums hängengeblieben war. Der Häuptling hatte seine Tochter demjenigen versprochen, der diese Heldentat vollbringen würde, aber aus Wut darüber, daß sein Neffe sie bekommen sollte, verließ er beide und zog die gesamte Dorfbevölkerung mit sich, außer ihrer alten Großmutter, die bei ihnen blieb. Der Held war noch zu jung, um für den Lebensunterhalt dreier Personen zu sorgen; ihre Lage wurde immer schlimmer. Eines Tages sah er einen riesigen Frosch aus einem See kriechen, dessen Krallen, Zähne, Augen und Augenbrauen aus Kupfer waren. Er fing ihn in der Falle, indem er die beiden Hälften eines gespaltenen Baums über ihm zuschnappen ließ. Der Held tötete den Frosch und zog seine Haut an. Seither fischte er Lachse in Hülle und Fülle und tötete sogar Wale. Gleichzeitig wurde er ein schöner junger Mann mit weicher Haut und war nicht mehr krank wie zuvor; die Prinzessin willigte nun ein, ihn zu heiraten. Sie lebten im Überfluß und bereiteten den hungrigen Dorfbewohnern einen herzlichen Empfang, als diese sie um Hilfe baten. Der Held vergab seinem Onkel, der nun sein Schwiegervater geworden war. Die Zeit verging; der Held brachte dem Dorf weiterhin gewaltige Vorräte an Fisch und Wild, aber wenn er von seinen Expeditionen zurückkehrte, fiel es ihm immer schwerer, seine Froschhaut abzulegen. Schließlich gab er es auf und sagte seiner Frau, daß er künftig auf dem Grund des Meeres leben werde, von wo er ihr und den Ihren soviel Nahrung schicken würde, wie sie brauchten. Sie würden am Strand alles finden, was sie an Robben, Heilbutt, Walfischen und Meerschweinen benötigten. Niemals fehlte es dem Dorf an irgend etwas, aber es sah seinen Wohltäter nicht wieder.

Die Tlingit, die einen sehr ähnlichen Mythos haben, präzisieren, daß das freigebige Ungeheuer, in das der Held sich verwandelt, niemand anderes ist als Gonaquadet, dessen Affinität zu Komogwa wir bereits unterstrichen haben (oben, S. 94), dem Meeresgott und Herrn der Reichtümer der Kwakiutl, der stets als eine korpulente Person beschrieben wird; ebenso wird regelmäßig auf die Korpulenz des mythischen Batrachiers (oder auf die Korpulenz, die er verursacht) hingewiesen. Zwischen Armut und Reichtum, zwischen Hungernot und Überfluß sowie auch zwischen allzu weit voneinander entfernten Gatten leistet der Frosch also auf seine Weise (die eines mittleren Terminus) dieselbe Vermittlung, die den Swaihwé-Masken (die extreme Termini vereinen) bei den Salish obliegt. Damit erklärt sich der Platz, den der Frosch oder die Kröte in einem großen mythologischen System einnimmt.

X

Die Untersuchung, die wir seit Beginn dieses Buches anstrengen, hat es uns ermöglicht, zu zwei wichtigen Ergebnissen zu gelangen. Wir wissen jetzt, daß sich die plastischen Aspekte einer Maske, die ein und dieselbe Botschaft befördert, ebenso umkehren wie die Mythen, wenn sie von einer Population zur anderen überwechseln. Dies ist in der Tat die Beziehung, die wir zwischen der Swaihwé-Maske, Spenderin von Reichtümern bei den Salish, und der Dzonokwa-Maske feststellen, deren mythische und rituelle Rolle bei den Kwakiutl dieselbe bleibt. Bleiben dagegen die plastischen Elemente unverändert bestehen, wie bei der Swaihwé-Maske der Salish und ihrer Imitation, welche die Kwakiutl unter dem Namen Xwéxwé besitzen, dann kehren sich die Botschaften um (oben, S. 83 f.). Ein bemerkenswertes Phänomen, das sich durch ein Schema veranschaulichen läßt, in dem die durchgehenden Linien der plastischen Form, die gestrichelten Linien der Botschaft entsprechen:

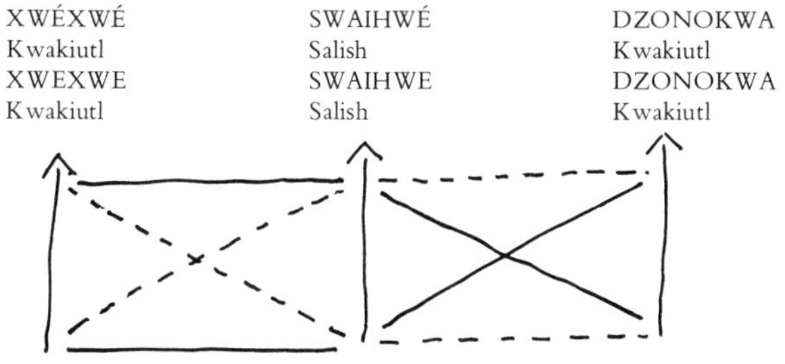

Zweitens besteht die bereits erwähnte Inversionsbeziehung zwischen den Salish- und den Kwakiutl-Masken auf mythischer Ebene auch zwischen den Dene einerseits und mehreren Küstenstämmen andererseits: den Kwakiutl und einigen ihrer Nachbarn, einschließlich aller Salish. In der Tat schreiben die Dene dem Kupfer eine Funktion zu, die sowohl diejenige, welche die Kwakiutl ihm geben, als auch diejenige umkehrt, welche die Salish der Swaihwé-Maske geben, die, wie wir gezeigt haben, unter dieser Hinsicht mit dem Kupfer kommutierbar ist.

Um diese doppelte Beweisführung abzuschließen, müssen wir noch einen letzten Aspekt des Problems behandeln, denn für die Kwakiutl stehen die Xwéxwé-Maske und die Figur von Dzonokwa einander noch auf eine andere Weise entgegen. Eng mit den Erdbeben verbunden, die sie angeblich verursachen, bringen die Xwéxwé-Masken, wenn sie tanzen, den Estrich des Hauses zum Beben. Die Dzonokwa dagegen läßt das Dach erbeben (oben, S. 47, 66). Auch bei den Salish haben wir die Verbindung zwischen den Erdbeben und den Swaihwé-Masken bemerkt (oben, S. 23, 29 f.).

Zumindest in der Vorstellung können die Erdbeben ein interessantes Ergebnis haben: man darf hoffen daß die Erde, wenn sie sich öffnet, die metallenen Reichtümer bloßlegt, die sie birgt. Ein sicherlich theoretisches Resultat, das sich in der Wirklichkeit wohl kaum wird nachprüfen lassen; aber es ist beeindruckend, daß die Dene-Mythen es durch sein Gegenteil veranschaulichen: indem sich die Erde schließt, verbirgt sie den Menschen ihre metallenen Reichtümer, statt sich zu öffnen, um sie ihnen zu enthüllen. Die Dene-Mythen begnügen sich also nicht damit, nur die Richtung der Zirkulation des Kupfers bei den matrimonialen Tauschgeschäften auf eine Art und Weise umzukehren, die der Kwakiutl-Praxis widerspricht. Sie kehren auch den Begriff des Erdbebens um, den die Salish mit diesem Tausch verbinden und den die Kwakiutl zwar weiterhin mit denselben Masken – für die Salish Mittel des Ehebündnisses – verknüpfen, diese jedoch zu Geizigen machen, also dem Gegenteil von großzügigen Gebern.

Bei den Salish konnotieren folglich die Swaihwé-Masken sowohl die leicht erworbenen Reichtümer wie die Erdbeben und (27, Fn. 2) die Heirat in rechter Entfernung, die dem Inzest entgegensteht. Die Xwéxwé-Masken der Kwakiutl konnotieren ebenfalls die Heirat in rechter Entfernung, bei deren Gelegenheit sie übermittelt werden, sowie die Erdbeben, die ihre Tänzer auszulösen verstehen; aber ihre Beziehung zu den Reichtümern steht derjenigen entgegen, die zwischen diesen und den Swaihwé-Masken vorherrscht; denn die Xwéxwé verweigern die Reichtümer oder entziehen sie sogar, statt sie auszuteilen. Die Tlingit, welche die Maske nicht besitzen, verbinden den Inzest mit dem Ursprung der Erdbeben (oben, S. 101), eine Beziehung, welche die Dene umkehren, indem sie das Gegenteil eines Erdbebens (und des Verlusts des wichtigsten Reichtums, des Kupfers) zur Folge und nicht zur Ursache eines Inzests machen. Auf diesem neuen Weg bestätigt sich der operatorische Wert des komplexen Transformationssystems, das wir aufgedeckt haben. Gleichzeitig sind wir veranlaßt, auf merkwürdige Analogien zwischen der Mythologie der Erdbeben im alten Japan (deren Spuren bis in die jüngste Zeit hineinreichen) und im Nordwesten Amerikas hinzuweisen. Ein Vergleich, der abenteuerlich anmuten könnte, wenn nicht prähistorische Funde in dieser letzteren Gegend an andere Funde im Norden von Japan erinnerten. Daß es einen gemeinsamen Hintergrund archaischer Glaubensvorstellungen gibt, ist demnach nicht *a priori* auszuschließen.

Diese Ähnlichkeit ist nicht die einzige. In chinesischen Gräbern vom Ende der Tschou-Dynastie hat man Holzfiguren gefunden, die mit ihrer heraushängenden Zunge und ihren hervortretenden Augen sehr eindrucksvoll den Swaihwé-Masken ähneln. Ob man zwischen diesen Skulpturen und anderen Skulpturen mit heraushängender Zunge aus Indonesien und Neusee-

land eine Verwandtschaft sehen darf oder nicht, ist eine Frage, über die schon viel geschrieben wurde, die aber immer noch umstritten bleibt.[7] Doch sie berührt nicht unmittelbar das Problem, das wir aufwerfen wollen, höchstens insofern, als die Japaner für die Erdbeben gewisse Fische aus der Familie der Welse verantwortlich machten, die sie mit hervortretenden Augen darzustellen pflegten. Noch wichtiger ist die Tatsache, daß diese Verbindung zwischen Fischen und Erdbeben mit anderen einhergeht, die wir schon in Amerika bemerkt haben; auch in Japan bieten die Erdbeben Gelegenheit, metallene Reichtümer zu erwerben, die wie bei den Küstenvölkern und den Dene mit Exkrementen verglichen werden (oben, S. 91 f., 104); die Dene benennen das Kupfer mit einem Wort, das Bären- oder Biberexkremente bedeutet. Schließlich zeigt M. C. Ouwehand, dem wir mehrere der vorstehenden Hinweise verdanken, daß im Denken des alten Japans die Erdbeben die Rolle von Berichtigern der sozialen und ökonomischen Ungleichheiten spielen, eine Funktion, die, wie wir sahen (oben, S. 104 f.), die Salish dem Kupfer verleihen, das mit den Erdbeben verbunden ist und in diesem Teil Amerikas tatsächlich die Rolle eines Vermittlers (als Agens der exogamen Heirat) zwischen den Einheimischen und den Fremden spielt.
Was die Welse angeht, so nehmen sie in der Mythologie dieser Gegend der Neuen Welt einen nicht unwesentlichen Platz ein. Von den Shuswap bis zu den Coeur d'Alêne kennen die Salish des Innern einen Mythos, der sich auf einen großen Kulturhelden bezieht, Sohn einer Indianerin und der eßbaren Wurzel eines Doldengewächses *(Peucedanum macrocarpum)*, der die Küstenvölker magische Kräfte zuschreiben: die gekaute und ausgespuckte Wurzel vertreibt Wind und Unwetter, und die derselben Behandlung unterzogenen Körner halten die Meeresungeheuer fern. Es heißt, daß dieser Sohn-der-Wurzel einen Greis, der über seine Herkunft spottete, in einen Katzenfisch verwandelte. Später wird er zum Mond. Der Held, den die Kü-

sten-Salish diesem Schicksal bestimmen, hat eine Mutter und eine Großmutter, die mit den Erdbeben bzw. den Sümpfen verbunden sind (wo leben die Welse?). Da diese Salish die pflanzliche und chthonische Exogamie, aus welcher der Held des ersten Mythos hervorgegangen ist, in himmlische Exogamie umkehren – sofern sie ihren Held nicht zum Sohn einer Jungfrau erklären und die exogame Beziehung neutralisieren, statt sie umzukehren –, darf man sich fragen, ob der Katzenfisch-Greis der Mythen des Innern, der den Helden zu entfernen sucht, nicht ein symmetrisches Gegenstück der Mutter (manchmal der Großmutter) des Helden mit Namen Erdbeben ist, die, nachdem dieser geraubt worden ist, im Gegenteil versucht, ihn zurückzuholen.

Schließen wir diese Paranthese, denn wir haben nicht die Absicht, unsere Untersuchung auf Japan und China auszudehnen; sie gewinnt ihre Konsistenz gerade dadurch, daß sie sich auf eine Region Nordamerikas beschränkt. Diese Region ist gewiß sehr groß, aber wir haben schon mehrfach gesagt, daß die Völker, die darin leben, sehr enge Kontakte untereinander hatten, die entweder durch eine gemeinsame Sprache (das gilt für alle Salish) oder durch Wanderungen, Kriege, Entlehnungen, Handelsgeschäfte und Eheschließungen bezeugt sind, für welche die Archäologie, die legendären Traditionen sowie die Geschichte stichhaltige Beweise liefern. Diese Ökumene – sofern man uns diesen Neologismus gestattet – reichte von Alaska im Norden bis zum unteren Tal des Columbia-Flusses im Süden. Wir haben die Symmetriebeziehungen zwischen den Mythen der Dene und denen ihrer Küstennachbarn hervorgehoben. Doch gerade an der Küste, von den Tlingit bis zu den Chinook, tritt diese Symmetrie am deutlichsten zutage.

Wir erinnern uns, daß die Tlingit den strahlenden Glanz des Kupfers seinem himmlischen Ursprung zuschreiben: das erste Kupfer, das die Menschen kannten, entstammte dem gänzlich aus diesem Metall bestehenden Boot, das den Söhnen der Sonne gehörte (oben, S. 110). Denselben Indianern zufolge waren zu Anfang der Zeiten, als noch Finsternis auf der Erde herrschte, alle Tierarten miteinander verschmolzen.

Ein Mythos erzählt, daß der Demiurg den Behälter, in dem die Sonne eingeschlossen war, stahl und öffnete. Alsbald »leuchtete die Sonne in all ihrem Glanz am Himmel. Bei diesem Anblick verstreuten sich die Leute (d. h. die ursprünglich undifferenzierten Lebewesen) in alle Richtungen. Manche gingen in die Wälder, wo sie zu Vierfüßlern wurden, andere auf die Bäume, wo sie zu Vögeln wurden, andere schließlich ins Wasser, wo sie zu Fischen wurden.« Am anderen Ende des Areals, das wir gewählt haben, kehren die Chinook dieses System um und transponieren es in aquatische Termini. Die Kathlamet, ein Stamm dieser Familie, sagen, daß das erste Kupfer auf der Oberfläche des Wassers schwamm, wo es leuchtete wie die Sonne. Alle Männer des Dorfes versuchten, es mit Pfeilen zu treffen, um sich seiner zu bemächtigen, aber das Kupfer entzog sich ihnen. Einzig die beiden in Männer verkleideten Töchter des Häuptlings hatten Erfolg. Sie brachten das Kupfer in ihrem Einbaum ins Dorf; man schlug es in Stücke und verteilte es an die Einwohner. Die Vögel erhielten das »Blut« zugesprochen; alle bekamen ein klein wenig Rot, das sie sich auf den Kopf tun konnten, und wurden im übrigen grün, weiß oder schwarz angemalt. Blauhäher erhielt die schönsten Farben, aber Muschelschale stahl sie ihm und nahm sie ins Wasser mit (wo sie seither in ihrem Perlmutt schimmern).
Wie die Tlingit führen also auch die Chinook die spezifischen Unterschiede auf das erste Erscheinen des Kupfers zurück, nur daß bei den einen die Sonne der Herr des Kupfers war, während bei den anderen ein erstes Kupfer ohne Herr so hell leuchtete wie sie. Wie sooft am Ende einer Reihe von mythischen Transformationen zu beobachten, kommt also zu denen, die den In-

halt betreffen, noch eine andere hinzu, welche die Form umkehrt. Für die Tlingit ist die Beziehung des Kupfers zum Himmel metonymischer Art: es stammt von dort her. Bei den Kathlamet, obwohl ihnen zufolge das Kupfer aus dem Wasser stammt, bleibt diese Beziehung auf der rhetorischen Ebene bestehen, wandelt sich jedoch in eine Metapher: »Es (das Kupfer) leuchtete wie die Sonne ... Wenn man es umdrehte, glänzte es rot, dann grün, dann weiß ... Es war genau wie die Sonne.« Wenn dieser blendende Glanz des Kupfers den invarianten Zug des Systems bildet, begreifen wir besser den letzten Grund für den Gegensatz, der in plastischer Hinsicht zwischen den Swaihwé-Masken und Dzonokwa besteht. Dzonokwas Augen liegen tief in ihren Höhlen oder sind halb geschlossen, weil sie ständig geblendet sind. Der Swaihwé dagegen hat hervortretende Augen; diese anatomische Besonderheit bedeutet also, daß sie nicht geblendet werden können. Diese beiden übernatürlichen Wesen verschaffen den Menschen das Kupfer – aber nicht auf dieselbe Weise. Die Dzonokwa läßt ihn sich nehmen, oft um den Preis ihres Lebens. Der liberale Swaihwé dagegen bürgt für seinen Erwerb.

Daß die zylindrischen Augen der Swaihwé einen unerschütterlichen Blick bezeichnen, ist eine Interpretation, die zweifellos noch bestätigt werden muß. Es scheint, als habe der Zylinder in ganz Nordamerika in den Mythen und Riten die Rolle, sehr weit entfernte Termini einzufangen, zu fixieren und in unmittelbare Verbindung zu bringen. An der gesamten Nordküste des Pazifik verwenden die Schamanen »Seelenfänger«: kleine Gegenstände aus Elfenbein oder geschnitztem Holz, oft in Röhrenform, um die flüchtige Seele des Kranken einzufangen und seinem Körper wieder einzuverleiben. Die Nordalaska-Eskimos sowie die weiter östlich wohnenden Kupfer-Eskimos, beide Nachbarn der Dene, verbinden die hervortretenden Augen mit einem durchdringenden Blick oder sehen in ihnen

Dzonokwa-Maske mit halb geschlossenen Augen. Kwakiutl.

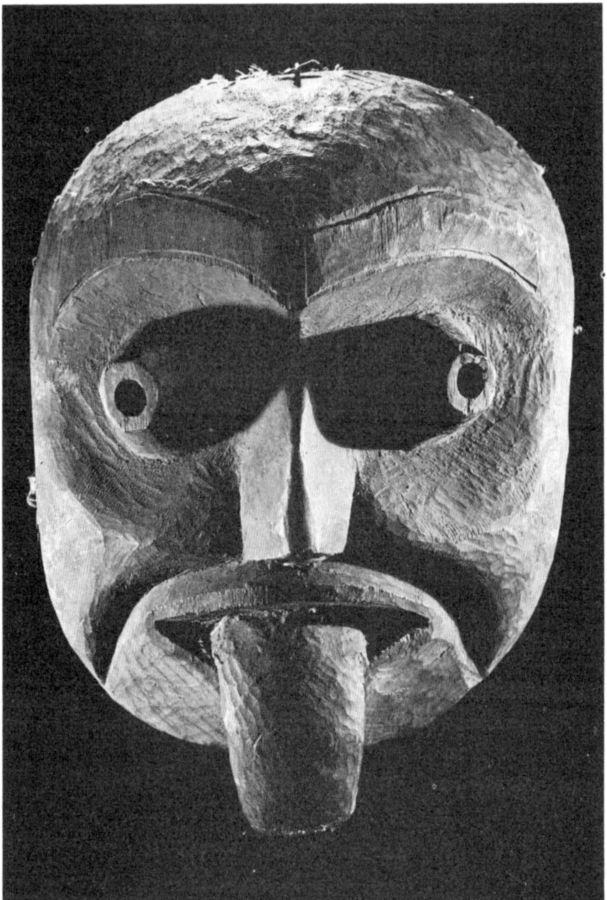

Xwéxwé-Maske. Kwakiutl.

Swaihwé-Maske. Salish (Musqueam).

die Folge von Bemühungen, in der Dunkelheit zu sehen. Den Shuswap zufolge, Salish des Innern, hat der Geist des Windes (der, wie wir sagen, »durchdringend« ist) einen großen Schädel und hervortretende Augen. Die Schamanen der Algonkin sprechenden Stämme im östlichen Kanada haben magische Fernrohre aus ausgehöhltem und mit einer weißen Karibu-Haut umhülltem Wacholderholz. Das ebenfalls weiße »bebende Zelt«, in das sie sich während ihrer Trance-Zuständen einschließen, ist nach dem Bild eines Zylinders konstruiert: eine leere Säule, durch die man unendlich weit nach oben und nach unten blicken kann. In Südamerika findet man einen ähnlichen Glauben bei den Tukano des Vaupès. Diese Vorstellungen, die in der Neuen Welt weit verbreitet sind, haben bei den Menomini der Großen Seen eine noch ausgeprägtere Form. Sie sagen, daß die Sonne mittags in ihrem Lauf innehält, um die Erde durch einen langen Kupferzylinder zu betrachten. Die Röhren der rituellen Kiowa-Pfeifen sind eine Art verkleinertes Modell dieses Zylinders. An den archäologischen Stätten Nordamerikas fand man Unmengen kleiner, zu Zylindern zusammengerollter Kupferblätter, die sicherlich mit dieser symbolischen Bilderwelt zusammenhängen.

Daß die hervortretenden Augen der Swaihwé-Masken ebenfalls dazu gehören, ergibt sich im übrigen aus den bereits genannten Hinweisen. Wir haben ihre Unbeweglichkeit erwähnt (oben, S. 88). Wir erinnern uns auch daran, daß im Laufe der Tänze ein mit einer Lanze bewaffneter Clown versucht, sie ihnen auszustechen (oben, S. 42, 28). Er versucht also vergeblich, Masken blind zu machen, deren besondere Augenform im Gegenteil bezeugt, daß sie Hellsehende sind.

XI

Die Affinität der Swaihwé-Masken zum Kupfer drückt sich dadurch aus, daß sein Glanz sie nicht zu blenden vermag: genau das bringen die hervortretenden Augen zum Ausdruck. Diese Feststellung versetzt uns in die Lage, ein letztes Problem zu lösen, das die besondere Form der verzierten Kupferplatten stellt, welche die Kwakiutl und ihre nördlichen Nachbarn als ihre kostbarsten Besitztümer betrachteten. Den bedeutendsten dieser Kupferplatten schrieb man eine Individualität zu, die man durch einen Eigennamen unterstrich. Gegen Ende des 19. Jahrhunderts betrug ihr Wert mehrere tausend Dollar (nach damaliger Währung), und ihr Besitzer erfreute sich eines öffentlichen Kredits in entsprechender Höhe. Er konnte sie aufbewahren, aber im allgemeinen waren sie dazu bestimmt, während der Potlatch-Feste den Besitzer zu wechseln: sie wurden verkauft oder verschenkt, als ganze oder in Stücken (oben, S. 76). Manchmal warf der Besitzer sie sogar ins Meer, um seinen Reichtum dadurch unter Beweis zu stellen, daß er einen solchen Schatz seinem persönlichen Ruhm wie dem seiner Linie opferte.

Im allgemeinen haben diese Kupferplatten stets dieselbe Form: oben und unten sind sie leicht abgerundet, ihre Seiten laufen von oben schräg aufeinander zu bis zur Mitte, die somit etwas eingeschnürt wirkt, gehen dann nach unten wieder leicht auseinander oder bleiben parallel. Der obere Teil ist oft reich verziert; das eingeritzte Muster stellt ein Tier oder dessen Gesicht von vorn dar. Der fast rechteckige und unverzierte untere Teil zeigt lediglich zwei senkrecht aufeinanderstehende Falze, die an das sogenannte »Pfahl«-Motiv der Heraldik erinnern: der eine verläuft horizontal durch die Mitte der Platte, dort, wo sich die

schräg aufeinander zulaufenden Seitenkanten am meisten annähern; der andere vertikal von der Mitte bis zum unteren Ende der Kupferplatte, in dem man eine Art Wappenschild sehen kann (siehe Abb. im Farbteil nach S. 80).
Diese komplizierte Form ist um so rätselhafter, als wir kein Exemplar kennen, das aus der Zeit vor dem Kontakt mit den Weißen stammt; alle, die gesehen oder gesammelt wurden, bestehen aus Kupferblech europäischer Herkunft, und es läßt sich nicht sagen, ob diese Gegenstände vor ihrer Einführung aus gediegenem Kupfer bestanden und welche Form sie hatten. Einem Forscher, der gegen 1920 die Tlingit befragte, antworteten diese, daß sie die Stirn von Gonaqadet darstellen (oben, S. 94). Der untere Teil würde also dem Stirnbein entsprechen und der obere Teil dem Bildnis einer Person oder eines Gesichts, welches die Haartracht des Ungeheuers schmückt. Diese Interpretation stützt sich zwar auf ein bildliches Werk, aber es sieht nicht so aus, als ob Gonaqadet immer auf diese Weise dargestellt wurde. Man kann also nicht aufgrund eines einzigen Beispiels verallgemeinern, und selbst wenn man noch andere entdecken würde, könnten wir noch immer nicht sagen, ob die Form der Kupferplatten sich davon herleitet oder ob sie im Gegenteil von ihr inspiriert sind.

Paul S. Winter kommt das Verdienst zu, als erster eine allgemeinere Ähnlichkeit zwischen der Form der Kupferplatten und der der Swaihwé-Masken bemerkt zu haben. Obwohl beide verschiedenen Kulturen angehören, sind ihre globale Form, die jeweiligen Proportionen des unteren und des oberen Teils dieselben, und in beiden Fällen durchzieht ein vertikaler Falz oder Streifen die Mitte des unteren Teils. Allerdings verbannt der Autor seinen Hinweis in eine Fußnote, ohne ihn auszuwerten. Die Vergleiche, die wir in der vorliegenden Arbeit angestellt haben, erlauben es, ihn aufzugreifen und ihm eine weit größere Bedeutung zu geben. Wir wissen nämlich, daß sogar bei den

Salish die Swaihwé-Masken mit dem Kupfer kommutierbar sind, denn ein und dieselben Mythen berichten vom Ursprung der einen wie des anderen (oben, S. 38); und daß ferner bei den Kwakiutl-Gruppen der Ursprung der Kupferplatten, die wir soeben beschrieben haben, auf die Figur von Dzonokwa zurückgeht, deren Maske den Swaihwé in plastischer Hinsicht umkehrt, während sie in semantischer Hinsicht seine Funktion bewahrt. Umgekehrt kehrt sich diese Funktion um, wenn man vom Swaihwé der Salish zum Xwéxwé der Kwakiutl übergeht: dann aber bleibt die plastische Form der beiden Masken erhalten.

Folglich klärt sich der tiefere Grund für die von Wingert bemerkte Ähnlichkeit auf. Wenn die Kupferplatten im großen und ganzen die Swaihwé-Masken reproduzieren, so deshalb, weil sie sie bei den Kwakiutl ersetzen: sowohl als Ursache des Reichtums wie als Mittel des Ehebündnisses, das einen Schutz gegen die Endogamie sowie Sicherheit gegenüber fremden Völkern bedeutet. Für zwei verschiedene, aber aneinander grenzende Populationen, die durch alle möglichen Arten des kommerziellen und matriomonialen Tauschs verbunden waren, sofern die Kriege sie nicht auf andere Weise miteinander in Berührung brachten, bildeten die Kupferplatten sowie die Swaihwé-Masken zwei parallele Lösungen derselben Probleme.

Um den Ursprung dieses Parallelismus zu verstehen, sind wir gewiß auf Hypothesen angewiesen, die sich freilich auf einige feste Grundlagen stützen können. Die Form der Kupferplatten wäre unerklärlich, wenn sie sich nicht von der der Swaihwé-Maske herleitete. Doch selbst wenn man ihren archaischen Stil berücksichtigt, den sie im übrigen mit allen anderen Kunstprodukten der Salish teilen, sieht es nicht so aus, als hätten sich diese Masken an der Küste und auf der Insel Vancouver schon vor sehr langer Zeit ausgebreitet. Die schriftlosen Völker verdichten häufig ihre Genealogien, und ihr Zeugnis ist in dieser

Hinsicht zweifelhaft. Doch läßt sich nicht übersehen, daß die Musqueam die Übertragung der Maske von der Küste zu den Inseln nur fünf Generationen zurückdatieren. Sie selbst erhielten sie von Gruppen im Fraser-Tal, aber dann verliert sich ihre Spur.

Wie dem auch sei, erst nachdem die Maske auf die Insel gelangt war (von wo aus sie die Meerenge noch einmal überquerte und zu den nördlicheren Salish-Gruppen kam), konnten die Nootka und die Kwakiutl sie kennenlernen und entlehnen. Bei den Kwakiutl könnte diese Entlehnung in zwei Formen, vielleicht sogar in zwei Schritten vor sich gegangen sein: zunächst aus der Ferne und als Idee, welche die Kupferplatten gebar, die dieselben sozialen und ökonomischen Funktionen erfüllen; in plastischer Hinsicht bewahren die Kupferplatten nämlich nur das abstrakte Schema der Masken, wobei sie in der Substanz, aus der sie bestehen, deren intelligibles Wesen materialisieren – denn schon bei den Salish konnotieren die Swaihwé-Masken, wie wir sahen, die Reichtümer und folglich das Kupfer.
Eine Fotografie, die Boas Ende des letzten Jahrhunderts veröffentlicht hat, zeigt eine Kupferplatte, die an der Stelle, wo man gewöhnlich ein Gesicht sieht, zwei Ausbuchtungen hat, welche die Augen des Swaihwé nachahmen könnten.
Mit den Kupferplatten könnten die Kwakiutl also auf ihre Weise die Mythologie und das Ritual der riesigen, kinderraubenden Menschenfresserin rekonstruiert haben, deren Thema ihnen mit allen Küstenvölkern, von Alaska bis zur Mündung des Columbia-Flusses und sogar noch weiter im Süden, gemeinsam war. Und da die Idee des Swaihwé bereits in die Kupferplatten eingegangen war und aus diesem Grunde nicht mehr zur Verfügung stand, könnte es sein, daß sie, im Kontrast dazu, der Maske jener übernatürlichen Inhaberin des kostbaren Metalls plastische Merkmale verliehen haben, welche die der Swaihwé-Masken umkehren. Später oder gleichzeitig, anläß-

lich der intertribalen Eheschließungen, deren legendäre Traditionen das Gedächtnis bewahrt (oben, S. 45 ff.), könnten die südlichen Kwakiutl die Swaihwé-Masken von ihren Comox-Nachbarn erhalten haben – diesmal jedoch, wenn man so sagen darf, in Fleisch und Blut. In ihrer ursprünglichen Funktion von den Kupferplatten verdrängt, könnten diese Masken in einer neuen Umgebung, wo sie überflüssig waren, mit der entgegengesetzten Funktion betraut worden sein.

Diese historische Rekonstruktion ist plausibel, aber da alle Auswirkungen, die sie impliziert, bereits gegen Ende des 19. Jahrhunderts zu beobachten waren, würde die Annahme, daß der Swaihwé sich erst in jüngerer Zeit verbreitet hat, bedeuten, daß die Dinge sich in sehr kurzer Zeit auf diese Weise hätten entwickeln müssen. Wir möchten vielmehr annehmen, daß die Existenz und Verbreitung der Swaihwé-Maske auf eine ältere Epoche zurückgeht, als die lokalen Traditionen vermuten lassen, oder daß die Kupferplatten und die Swaihwé-Masken in der Form, die wir kennen, jeweils auf ihre Weise eine archaische Tradition fortsetzen, deren materielle Basis wir nicht kennen, deren Geist sie jedoch so gut bewahren, daß man voraussetzen darf, sie habe vor ihnen bestanden. Denn wenn bei den Salish der Swaihwé das Mittel ist, Reichtum zu erwerben, glauben wir nachgewiesen zu haben, daß bei den Kwakiutl die Kupferplatten – die höchsten Reichtümer – die Metapher des Swaihwé sind und daß dieses doppelte rhetorische Spiel zu dem wörtlichen Sinn zurückführt, von dem wir ausgegangen waren.

Es wäre also illusorisch, sich vorzustellen, was viele Ethnologen und Kunsthistoriker noch heute tun, daß man eine Maske und allgemeiner eine Skulptur oder ein Bildwerk für sich allein interpretieren könne, einzig aufgrund dessen, was sie darstellen, oder aufgrund des ästhetischen oder rituellen Gebrauchs, zu dem sie bestimmt sind. Wir sahen im Gegenteil, daß eine

Maske nicht für sich allein existiert; sie setzt andere, reale oder mögliche Masken neben sich voraus, die man ebensogut an ihrer Statt hätte wählen können. Indem wir ein besonderes Problem erörterten, hoffen wir, gezeigt zu haben, daß eine Maske nicht in erster Linie das ist, was sie darstellt, sondern das, was sie transformiert, d. h. absichtlich *nicht* darstellt. So wie ein Mythos verneint auch eine Maske ebensoviel, wie sie bejaht. Sie besteht nicht nur aus dem, was sie sagt oder zu sagen meint, sondern auch aus dem, was sie ausschließt.

Gilt dies nicht für jedes Kunstwerk? Indem wir uns über einige Maskentypen amerikanischer Populationen Gedanken machten, haben wir also vielleicht ein weit umfassenderes Problem gestellt, nämlich das des Stils. Zeitgenössische Stile ignorieren einander nicht. Sogar unter den sogenannten primitiven Völkern entwickelt sich eine gewisse Vertrautheit anläßlich der Kriege, der darauf folgenden Plünderungen, der intertribalen Zeremonien, Eheschließungen, Märkte, gelegentlichen Tauschgeschäfte. Die Originalität jedes einzelnen Stils schließt also Entlehnungen nicht aus; sie erklärt sich vielmehr durch einen bewußten oder unbewußten Wunsch, sich anders darzustellen und unter allen Möglichkeiten einige auszuwählen, welche die Kunst der benachbarten Völker ausgeschlagen hat. Dies gilt ebenso für aufeinanderfolgende Stilrichtungen. Der Stil Ludwig XV. setzt den Stil Ludwig XIV. fort, und der Stil Ludwig XVI. setzt den Stil Ludwig XV. fort; doch gleichzeitig verwirft jeder den anderen. Auf seine eigene Weise sagt er, was der vorangegangene Stil in seiner Sprache gesagt hat, und er sagt auch etwas anderes, das dieser nicht gesagt hat, aber das auszusprechen er stumm aufforderte.

Einer der verderblichsten Begriffe, den uns der Funktionalismus hinterlassen hat und der noch manche Ethnologen in seinem Bann hält, ist der Begriff der isolierten, in sich abgeschlossenen Völker, die jeweils für sich allein eine ganz besondere ästhetische, mythische oder rituelle Erfahrung machen. Damit verkennt man, daß vor dem kolonialen Zeitalter und der zerstörerischen Fernwirkung, die die westliche Welt durch ihre pathogenen Keime und ihre Exportartikel auch in den geschütztesten Gegenden ausgeübt hat, diese damals noch zahlreicheren Populationen auch enger zusammenstanden. Von einigen Ausnahmen abgesehen, blieb nichts, was bei dem einen Volk vorging, seinen Nachbarn unbekannt, und die Art und Weise, wie ein jedes sich selbst und die Welt erklärte und sich vorstellte, wurde in einem ununterbrochenen und heftigen Dialog erarbeitet.

Denen, die uns das Recht absprechen, die Mythen oder die Kunstwerke einer Population durch Vergleiche mit den Mythen und Kunstwerken anderer Völker zu interpretieren, und die einzig die Methode für legitim halten, z. B. die Mythen einer Gruppe auf deren soziale Organisation, ihr ökonomisches Leben und ihre religiösen Glaubensvorstellungen zu beziehen, antworten wir: gewiß, damit müssen wir beginnen und zunächst der Ethnographie der betreffenden Gruppe alles abfragen, was sie weiß. Genau das haben wir im übrigen bei unseren Untersuchungen der amerikanischen Mythologie unaufhörlich getan und stets darauf geachtet, uns bei jeder Gruppe alle Informationen dieser Art zu vergegenwärtigen, die wir selbst oder andere an Ort und Stelle gesammelt haben oder die in der Literatur verfügbar sind. Einzig diese letzteren können wir verwenden im Fall von Gruppen, die entweder physisch ausgestorben sind oder deren Kultur im Lauf der Jahre verfallen ist, Opfern eines Schicksals, das jenes andere, diesmal wissenschaftliche Verbrechen nicht zu rechtfertigen vermag, nämlich so zu tun, als hätten sie nicht existiert. Nur diejenigen können unsere fast manische Ehrfurcht vor den Fakten geringschätzen, deren ethnologische Bildung sich auf die Gruppe beschränkt, die sie persönlich untersucht haben; so als ob man nicht noch heute auf äußerst lohnende und neue Weise mit einer griechischen, lateinischen oder hinduistischen Literatur arbeiten würde, die mehrere tausend Jahre alt ist, Erbe von Völkern, die noch unwiderbringlicher verschwunden sind als diejenigen, die anhand ihrer Werke zu untersuchen man uns vorwirft, ohne uns immer persönlich zu ihnen zu begeben, was in drei Vierteln aller Fälle, wenn nicht noch häufiger, bei dieser Art Untersuchung auch ganz zwecklos wäre, angesichts des Verfalls, zu dem der Einbruch der mechanischen Zivilisation sie verurteilt hat . . .

Das wirkliche Problem liegt anderswo. Selbst im günstigsten Fall – dem einer noch lebendigen Kultur mit gut erhaltenen Glaubensvorstellungen und -praktiken – wäre das Studium der inneren Beziehungen zwischen der Mythologie oder der Kunst und allem Übrigen eine zwar absolut notwendige, aber unzureichende Vorarbeit. Sind diese lokalen Quellen ausgeschöpft, so werden dem Analytiker weitere Anstrengungen abverlangt. Denn diese Mythen stehen anderen Mythen entgegen, widersprechen ihnen oder transformieren sie, und es wäre unmöglich, jene zu begreifen, ohne sie auf diese zu beziehen, so wie sich jede Aussage mittels Wörtern erklärt, die gerade nicht in ihr vorkommen, insofern die vom Redner verwendeten Wörter ihre Bedeutung und ihre Tragweite daraus gewinnen, daß er sie anderen Wörtern vorgezogen hat, die er hätte verwenden können und auf die man sich daher beziehen muß, wenn man den Text kommentiert.

Die Bedeutung dieser expliziten oder impliziten Kontrapunkte geht besonders deutlich aus den Beispielen hervor, die wir in der vorliegenden Arbeit untersucht haben. Die plastischen Merkmale der Dzonokwa-Masken würden unverständlich bleiben, wenn man sie nicht mit den Swaihwé-Masken vergliche. Dennoch stammen sie aus Populationen, die sich in Sprache und Kultur voneinander unterscheiden, gleichwohl einander so nahe stehen, daß eine der beiden Masken entlehnt sein kann: die plastischen Merkmale der Xwéxwé-Maske der Kwakiutl lassen sich nur als Imitation der Swaihwé-Masken der Salish erklären. Aber ihre semantische Ladung ist sowohl Funktion derjenigen, die bei ihnen die Dzonokwa-Maske, wie derjenigen, die bei den Salish und die Swaihwé-Maske hat. Alle diese semantischen Funktionen, seien sie nun parallel oder entgegengesetzt, bilden ein System, das der Ideologie des Kupfers untersteht und durch dessen Vermittlung allein sich alle die Ähnlichkeiten erklären lassen, welche die Swaihwé-Masken der einen Gruppe und die verzierten Kupferplatten der anderen in plastischer Hinsicht aufweisen.

Diese Ideologie des Kupfers sowie die sozialen und ökonomischen Funktionen, die sie zum Ausdruck bringt, erheischen, um verstanden zu werden, daß man die Mythen der Küstenvölker mit denen ihrer Nachbarn im Innern, den Dene, verschränkt. Ein Vergleich, den allein schon die geographische Nähe legitimieren würde, der aber noch eine zusätzliche Rechtfertigung durch die Tatsache erhält, daß die wichtigsten Kupfervorkommen im Nordwesten Amerikas im Territorium der Athapaskan liegen und daß, über die Tlingit, fast das gesamte einheimische Kupfer von dort herkam. Mehr noch; denn die Dene oder Athapaskan des Nordens, die in der Vergangenheit das gediegene Kupfer rösten, weich machen und schmieden konnten, übertrafen alle ihre Nachbarn in der Kunst der Metallurgie (oben, S. 51 f.): vielleicht deshalb, weil man in ihnen die letzten Erben jener alten Kultur der Kupfers sehen muß, die seit dem fünften Jahrtausend in der Region der Großen Seen blühte und deren erste Vertreter, infolge klimatischer Veränderungen im dritten Jahrtausend, wahrscheinlich nach Norden ausgewandert waren, um dem Zurückweichen des nördlichen Waldes und seiner Fauna zu folgen, die ihnen ihr tägliches Wild lieferte.

Mittels logischer Operationen, welche die Vorstellungen in die Ferne projizieren, transformieren oder umkehren, könnte sich also eine Geschichte im Maßstab der Jahrtausende, die sich im äußersten Norden abgespielt hat, mit einer anderen, jüngeren verzahnen, deren Rhythmus schneller war; jener Geschichte, von der weit im Süden die Wanderungen der Salish vom Kontinent zur Insel, dann von der Insel zum Kontinent sowie die Konflikte und Bündnisse dieser Salish mit den südlichen Kwakiutl zeugen: Entwicklungen, deren lokale Traditionen in Erinnerung bleiben, selbst wenn sie sie in mythische Ereignisse umwandeln.

Auf einer Länge von etwa dreitausend Kilometern sind ideologische Strukturen erwachsen, die alle die ihrer geistigen Natur innewohnenden Zwänge bewahren und, in Übereinstimmung mit ihnen, die Gegebenheiten der Umwelt und der Geschichte speichern, wie man heute sagt. Sie inkorporieren diese Informationen bereits bestehenden Paradigmata und erzeugen somit neue in Form von mythischen Vorstellungen, rituellen Praktiken und plastischen Werken. Auf diesem ganzen ungeheuren Areal bleiben diese Vorstellungen, Praktiken und Werke miteinander verbunden, wenn sie einander nachahmen, auch und vielleicht vor allem dann, wenn sie sich gegenseitig zu verleugnen scheinen. Denn im einen wie im anderen Fall halten sie sich das Gleichgewicht, jenseits der sprachlichen, kulturellen und politischen Schranken, deren Durchlässigkeit unsere gesamte Argumentation nachgewiesen hat, falls nicht ihre durchaus relative Geschlossenheit einen ebenso logischen wie historischen Zwang begründet und die Punkte anzeigt, an denen die Umkehrungen erfolgen.
Der Künstler, der Einzelgänger sein will, wiegt sich in einer möglicherweise fruchtbaren Illusion, aber das Privileg, das er sich einräumt, ist in keiner Weise real. Auch wenn er meint, sich spontan auszudrücken, ein originales Werk zu schaffen, erwidert er nur anderen Schöpfern, sei es vergangenen oder gegenwärtigen, aktuellen oder potentiellen. Ob man es nun weiß oder nicht – auf dem Pfade der Schöpfung wandert keiner je allein.

1 Das Salish-Phonem, das im allgemeinen durch ein *h* oder ein *x* dargestellt wird, ist ein Reibelaut des Zäpfchens. Phonetisch exakter wäre die Transkription *sxwaixwe.*

2 Im Juli 1974 hörte ich am unteren Fraser eine etwas abweichende Version, die aus Sardis, in der Nähe von Chilliwack, stammte. Die Maske soll im *Harrison Lake* von zwei ledigen Schwestern gefischt worden sein, die sich heftig gegen die Ehe sträubten und deren einziger Bruder dieselben Gefühle hegte. Die Maske hatte einen langen Hals und war mit Federn geschmückt, denen der Bruder seine Rettung verdankte: als ihn eines Tages Feinde verfolgten, rettete er sich schwimmend; keiner konnte ihn unter den Federn sehen, die als einzige aus dem Wasser ragten. Dieses Ereignis bewies die Tugenden der Maske. Später ergänzte sie ein Schamane mit einem Tanzkleid aus Adlerfedern; die beiden Schwestern besserten sich und willigten ein, zu heiraten, die eine bei den Sqamish, die andere bei den Sumas. So wie andere Versionen, die wir noch untersuchen werden, beschwört auch diese implizit eine gleichsam inzestuöse Ausgangssituation: der Bruder und die Schwestern sind einander in mißbräuchlicher Weise angenähert durch ihren gemeinsamen Widerwillen gegen die Ehe, der sie veranlaßt, zusammenzuleben; doch zum Schluß, und wie anderswo, führt der Erwerb der Maske und ihr Gebrauch die Frauen zur exogamen Heirat. Und das Motiv der schwimmenden Tarnung erinnert an eine ähnliche Episode der Squamish-Version (S. 33 f.), die gerade aus einer der beiden Gruppen stammt, in die die Heldinnen heirateten. Ich danke dem Häuptling Malloway aus Sardis, der mir diese Geschichte freundlicherweise erzählte, sowie W. G. Jilek und L. M. Jilek-Aall, die mich mit ihm zusammenbrachten.

3 Zwei Adler und ihre Jungen stiegen eines Tages vom Himmel herab. Sie landeten in Qum'qaté, in der Nähe von Kap Scott, entledigten sich ihrer Federn und wurden Menschen, die ersten Einwohner der Gegend. Wäre dies das Ereignis, auf welches der Mythos anspielt, dann wäre es signifikant, daß er den Code der Mythen der Insel-Sa-

lish vom Ursprung des Swaihwé bewahrt, von dem allein die Botschaft (in umgekehrter Form) in dem vorliegenden Mythos fortbesteht, der sie transformiert, in dem er nicht himmlische, sondern aquatische Termini verwendet.

4 Ein Grund, weshalb die traditionellen Dzonokwa-Figuren leere Augenhöhlen oder halbgeschlossene Augen haben (S. 58). Die zeitgenössischen Bildhauer scheinen für dieses wesentliche Merkmal der Menschenfresserin jedes Interesse verloren zu haben. Sie stellen sie mit weit aufgerissenen Augen dar, zweifellos um ihre Boshaftigkeit zu unterstreichen.

5 Nicht daß die Kwakiutl matrilinear gewesen wären. Aber wenn auch bei ihnen die Macht der väterlichen Linie folgte, so stammte der Rang – der sich von der Macht unterschied – von der Gruppe der Mutter: durch die Heirat, so sagen die Eingeborenen, »betritt der Bräutigam das Haus seines Schwiegervaters« (Boas 1966, S. 62); um so mehr der Sohn, für den der Vater von den mütterlichen Verwandten einen Rang erhalten hat, den er diesem Sohn feierlich übergeben wird, sobald er zehn oder zwölf Jahre alt sein wird.

6 Es ist bemerkenswert, daß in den Salish-Dialekten des unteren Fraser (Kalkomelen) das Wort für Kuper, *sqwal,* mit einer Wurzel verbunden ist, welche die Bedeutung von »gekocht« oder »verbrannt« hat.

7 Die Bewohner der Marquesas-Inseln glaubten an Menschenfresserinnen, die, um ihre Feinde zu erschrecken, ihre Augen aus den Höhlen quellen ließen und eine riesige Zunge herausstreckten.

BIBLIOGRAPHISCHE HINWEISE

Die kursiv gesetzten Seitenzahlen beziehen sich auf die vorliegende Ausgabe.

C. Lévi-Strauss, »The Art of the Northwest Coast at the American Museum of Natural History«, *Gazette des Beaux-Arts,* New York 1943, S. 175-182. Vgl. C. Lévi-Strauss, *Anthropologie structurale,* Paris 1958, ch. XIII [*Strukturale Anthropologie,* Frankfurt 1967] *9-13*

H. G. Barnett, »The Coast Salish of British Columbia«, *University of Oregon Monographs, Studies in Anthropology,* 4, 1955, S. 158 *15*

Barnett, *l.c.,* S. 170. M. W. Smith, »The Coast Salish of Puget Sound«, *American Anthropologist,* 43, 1941. Ch. Hill-Tout, »Ethnological Studies of the Mainland Halkomelem«, *Report of the British Association for the Advancement of Science,* 72, 1902. E. S. Curtis, *The North American Indian,* 20 Bde., New York 1907-1930; Bd. IX, 1913, S. 115-116 *19-21*

Hill-Tout, *l.c.,* S. 322, 409. Barnett, *l.c.,* S. 170, 178-179. W. Duff, »The Upper Stalo Indians of the Fraser Valley, British Columbia«, *Anthropology in British Columbia,* Provincial Museum, Victoria. Neudruck von Indian Education Resources Centre, University of British Columbia, 1972. O. N. Wells, *Myths and Legends. Stawloh Indians of South Western British Columbia,* Vancouver 1970. Barnett, *l.c.,* S. 289, 293. H. Codere, »The Swai'xwe Myth of the Middle Fraser River«, *Journal of American Folklore,* 61, Nr. 239, 1948. Curtis, *l.c.,* S. 37-39, 115-116. Barnett, *l.c.,* S. 163. F. Boas, »Indianische Sagen von der Nord-Pacifischen Küste Amerikas«, *Sonder-Abdruck aus den Verhandlungen der Berliner Gesellschaft für Anthropologie, Ethnologie und Urgeschichte,* 1891-1895, 23-27, Berlin, S. 85-86 *21-23*

W. W. Elmendorf, »The Structure of Twana Culture«, *Research Studies, Monographic Supplement No.* 2, Washington State University, Pullman, 1960, S. 346-347. W. Cline u. a., »The Sinkaietk or Southern Okanagon of Washington«, *General Series in Anthropology,* Bd. 6, Menasha 1938, S. 227-228. J. A. Teit, »The Lilloet Indians«, *Memoirs of the American Museum of Natural History,* Bd. IV. New York 1906, S. 267, 279, 291 *24-25*

Hill-Tout, *l.c.*, p. 403-404, 409. Codere, *l.c.* *25-26*

J. Teit, »Mythology of the Thompson Indians«, *Memoirs of the American Museum of Natural History*, Bd. XII, New York 1912, S. 272-273. F. Boas, »The Indian Tribes of the Lower Fraser River«, *Report of the British Association for the Advancement of Science*, 64, 1894, S. 455. Boas, *Indianische Sagen* etc., *l.c.*, S. 27, 84-85. F. Boas, Hrsg., »Folk-Tales of Salishan and Sahaptin Tribes«, *Memoirs of the American Folk-Lore Society*, Bd. XI, 1917, S. 132-133. F. Boas, »Tsimshian Mythology«, 31*st Annual Report, Bureau of American Ehtnology* (1909-1910), Washington, D. C., 1916, S. 820 *26-27*

B. J. Stern, »The Lummi Indians of Western Washington«, *Columbia University Contributions to Anthropology*, Bd. XVII, New York 1934, S. 57-58, 113-115 *27-28*

A. H. Kuipers, »The Squamish Language. Grammar, Texts, Dictionary. Part II«, *Janua Linguarum. Series Practica LXXIII/2*, La Haye-Paris 1969. S. 22-23 *33-34*

F. Boas, Hrsg., »Folk-Tales of Salishan and Sahaptin Tribes«, *l.c.*, S. 128. M. Jacobs. »Clackamas Chinook Texts«, *International Journal of American Linguistics*, 2 Bde., 1959. Bd. 2, S. 370. G. A. Reichard. »An Analysis of Cœur d'Alene Indian Myths«, *Memoirs of the American Folk-Lore Society*, Bd. XLI, 1947, S. 178 *34-36*

E. von Sydow, *Ahnenkult und Ahnenbild der Naturvölker*, Berlin 1924, Tafel 18. J. Teit, »The Lilloet Indians«, *l.c.*, S. 252-253, 258, 272-273, et Abb. 95. G. M. Dawson, »Notes of the Shuswap People of British Columbia«, *Proceedings and Transactions of the Royal Society of Canada*, IX (1891), Montreal 1892, S. 36-37 *36*

J. Teit, »Traditions of the Lilloet Indians of British Columbia«, *Journal of American Folklore*, 25, 1912, S. 344-346 *36*

J. Teit, »Traditions of the Lilloet Indians ...«, *l.c.*, S. 343-344 *36-38*

H. Haeberlin, »Mythology of Puget Sound«, *Journal of American Folklore*, 37, 1924, S. 433 *39*

F. Boas, »Kwakiutl Tales, new series«, *Columbia University Contributions to Anthropology*, Bd. XXVI, 1935, S. 71-72. Haeberlin, *l.c.*, S. 28-32 *39-41*

F. Boas, »The Social Organization and the Secret Societies of the Kwakiutl Indians«, *Report of the U.S. National Museum for 1895*, Washington, D.C., 1897, S. 497 *42*

C. Lévi-Strauss, *Mythologiques II. Du Miel aux cendres,* Paris 1967. S. 346-348 [*Mythologica II. Vom Honig zur Asche,* Frankfurt 1972, S. 443-445] *44*

Dr. Gloria Cranmer Webster (persönliche Mitteilung). Stern, »The Lummi Indians . . .«, *l.c.,* S. 57-58 *44*

F. Boas und G. Hunt, »Ethnology of the Kwakiutl«, *35th Annual Report, Bureau of American Ethnology* (1913-1914), Washington, D.C., 1921, S. 891-896 *45*

Boas und Hunt, *l.c.,* S. 951-959. F. Boas und G. Hunt, »Kwakiutl Texts«, *Memoirs of the American Museum of Natural History,* Bd. V, 1902-1905, S. 236-239 *45-46*

Boas, »Kwakiutl Tales, new series«, *l.c.,* S. 27-32 *46-49*

F. Boas, »Songs and Dances of the Kwakiutl«, *Journal of American Folklore,* 1, 1888, S. 61 *47 Fn. 3*

W. A. Clemens und G. V. Wilby, »Fishes of the Pacific Coast of Canada«, *Fisheries Research Board of Canada, Bulletin no. 68*, 2. Aufl., Ottawa 1961, S. 250, 268. Barnett, *l.c.,* S. 16, J. R. Swanton, »Contributions to the Ethnology of the Haida«, *Memoirs of the American Museum of Natural History,* Bd. VIII, New York-Leiden 1909, S. 241. F. Boas, »Bella Bella Tales«, *Memoirs of the American Folk-Lore Society,* Bd. XXV, 1932, S. 32 *50*

»Nootka Tales«, in Boas, »Tsimshian Mythology«, *l.c.,* S. 898 *50-51*

Boas, »Tsimshian Mythology«, *l.c.,* S. 297 ff., 898-899. Kuipers, *l.c.,* S. 84 *51-52*

Ch. Hill-Tout, »Notes on the Sk.qómic of British Columbia«, *Report of the British Association for the Advancement of Science,* 70, 1900, S. 525 *53*

Boas und Hunt, »Kwakiutl Texts«, *l.c.,* S. 199 ff. F. Boas, »Kwakiutl Culture«, *Memoirs of the American Folk-Lore Society,* Bd. XXVIII, 1935, S. 144. »Kwakiutl Tales«, *Columbia University Contributions to Anthropology,* Bd. II, 1910, S. 49, 61. Boas und Hunt, »Ethnology of the Kwakiutl«, *l.c.,* S. 1122, 1124. »Kwakiutl Texts«, *l.c.,* S. 104. Boas, »Kwakiutl Tales«, *l.c.,* S. 444 *57-58*

Boas, »The Social Organization and the Secret Societies etc.«, *l.c.,* S. 479-480 *59-60*

Curtis, *l.c.,* Bd. X, S. 184-185. Boas, »The Social Organization«, *l.c.,* S. 480. F. Boas, *Kwakiutl Ethnography.* Hrsg. von Helen Codere,

Chicago-London 1966, S. 182 *60-61*

Barnett, *l.c.*, S. 171, 293, 296. Stern, *l.c.*, S. 51. M. W. Smith, »The Puyallup-Nisqually«, *Columbia University Contributions to Anthropology,* Bd. XXXII, 1940, S. 187. L. M. Jilek-Aall, »What is a Sasquatch – Or, the Problematics of Reality Testing«, *Canadian Psychiatric Association Journal,* Bd. 17, 1972 *61*

F. Boas, »Geographical Names of the Kwakiutl Indians«, *Columbia University Contributions to Anthropology,* Bd. XX, 1934 *62-63*

Boas, »Kwakiutl Tales«, *l.c.*, S. 116-122. Curtis, *l.c.*, Bd. X, S. 293-294 *65*

Curtis, *l.c.*, Bd. X, S. 296-298 *66-68*

Boas und Hunt, »Kwakiutl Texts«, *l.c.*, S. 86-93, 103-104. Boas, »Kwakiutl Tales«, *l.c.*, S. 442-445. »Kwakiutl Tales, new series«, *l.c.*, S. 69 *68-69*

Curtis, *l.c.*, Bd. X, S. 295-296 *69*

Boas und Hunt, »Kwakiutl Texts«, *l.c.*, S. 431-436 *70*

F. Boas, »Bella Bella Texts«, *l.c.*, S. 92-105 *70*

Boas, »The Social Organization and the Secret Societis . . .«, *l.c.*, S. 372. »Indianische Sagen . . .«, *l.c.*, S. 135. Boas und Hunt, *l.c.*, S. 354-355 *71*

Boas, »Tsimshian Mythology«, *l.c.*, S. 903-913 *71-72*

C. Lévi-Strauss, *Mythologiques II. Du Miel aux cendres, l.c.*, p. 170. [*l.c.*, S. 217]. *Mythologiques III. L'Origine des manières de table,* Paris 1968, S. 103 [*Mythologica III. Der Ursprung der Tischsitten,* Frankfurt 1973, S. 131]. *Mythologiques IV. L'Homme nu,* Paris 1971, S. 377 [*Mythologica IV. Der nackte Mensch,* Frankfurt 1975, S. 488] *72-73*

Boas, »Kwakiutl Tales«, *l.c.*, S. 38-83 *73-74*

Boas, »Kwakiutl Tales, new series«, *l.c.*, S. 156-173 *74*

C. Lévi-Strauss, »Compte rendu de M. Detienne, Les Jardins d'Adonis«, *L'Homme, revue française d'anthropologie,* XII (4), 1972 *75*

A. Hawthron, *Art of the Kwakiutl Indians and other Northwest Coast Tribes,* Vancouver-Seattle-London 1967, S. 153-155. Boas, »Kwakiutl Tales«, *l.c.*, S. 490. Boas und Hunt, »Kwakiutl Texts«, *l.c.*, S. 96. F. Boas und G. Hunt, »Kwakiutl Texts, Second Series«, *Memoirs of the American Museum of Natural History,* Bd. XIV, 1906, S. 111 *76*

Boas, »Kwakiutl Tales, new series«, *l.c.*, S. 70. Boas *Kwakiutl Ethnography, l.c.*, S. 307 *76-77*

Boas und Hunt, »Ethnology of the Kwakiutl«, *l.c.*, S. 816. »Kwakiutl Texts«, *l.c.*, S. 364, 398. Curtis, *l.c.*, Bd. X, S. 296 *77*

R. Ritzenthaler und L. A. Parsons, »Masks of the Northwest Coast. The Samuel A. Barrett Collection«, *Publications in Primitive Art* 2, Milwaukee Public Museum, 1966, S. 88-91 *77-80*

Curtis, *l.c.*, Bd. X, S. 296 *79-80*

Boas und Hunt, »Ethnology of the Kwakiutl«, *l.c.*, S. 699-702, 1314. Boas, »The Social Organization and the Secret Societies . . .«, *l.c.*, S. 358-359. F. Boas, »Second General Report on the Indians of British Columbia«, *Report of the British Association for the Advancement of Scienre,* 60, 1890, S. 610 *80-82*

Hawthorn, *l.c.*, S. 157, Abb. 150 *82*

Boas, *Kwakiutl Ethnography*, *l.c.*, S. 51-54 *82-83*

F. Boas, »Fifth Report on the Indians of British Columbia«, *Report of the British Association for the Advancement of Science,* 66, 1896, S. 579. »The Social Organization and the Secret Societis . . .«, *l.c.*, S. 394. »Indianische Sagen . . .«, *l.c.*, S. 188-189. »Kwakiutl Tales«, *l.c.*, S. 275, 279, 468. »Kwakiutl Tales, new series«, *l.c.*, S. 73, 176, 185, 216. Boas und Hunt, »Kwakiutl Texts«, *l.c.*, 79, 83. »Kwakiutl Texts. Second Series«, *l.c.*, S. 24, 60, 62. Hawthorn, *l.c.*, S. 239-240 *85*

Boas, »Kwakiutl Tales«, *l.c.*, S. 267-285. »Kwakiutl Tales, new series«, *l.c.*, S. 219-227 *85-86*

Boas und Hunt, »Kwakiutl Texts«, *l.c.*, S. 60-86 *86-87*

Boas und Hunt, »Kwakiutl Texts«, *l.c.*, S. 81 *87*

J. R. Swanton. »Tlingit Myths and Texts«, *Bulletin* 39, *Bureau of American Ethnology*, Washington, D.C., 1909, S. 173, 292. »Haida Texts and Myths«, *Bulletin 29, Bureau of American Ethnology*, Washington, D.C. 1905, S. 111, 143. Boas, »Tsimshian Mythology«, *l.c.*, S. 154 ff. *88*

Boas, »Songs and Dances of the Kwakiutl«, *l.c.*, S. 55. »Indianische Sagen . . .«, *l.c.*, S. 164, 235. »The Social Organization and the Secret Societies . . .«, *l.c.*, S. 372-374, 394, 462.« Current Beliefs of the Kwakiutl Indians«, *Journal of American Folklore,* 45, 1932, S. 228. Boas und Hunt. »Ethnology of the Kwakiutl«, *l.c.*, S. 862, 1222-1248 *90-91*

Boas. »Bella Bella Tales«, *l.c.*, S. 67-69 *91-92*

A. Krause, *The Tlingit Indians,* übers. von E. Gunther, Seattle, 1956, S. 186. F. Boas, »The Mythology of the Bella Coola«, *Memoirs of the American Museum of Natural History,* Bd. II, 1900, S. 111-114. J. R. Swanton, »Haida Texts«, *Memoirs of the American Museum of Natural History,* Bd. XIV, 1908, S. 665. »Haida Texts and Myths«, *l.c.,* S. 299, 316. »Tlingit Myths and Texts«, *l.c.,* S. 173, 292, 368. »Contributions to the Ethnology of the Haida«, *l.c.,* S. 24, 95 *92-93*

G. T. Emmons. »The Chilkat Blanket«, *Memoirs of the American Museum of Natural History,* Bd. III, 1903, S. 330. »The Whale House of the Chilkat«, *Anthropological Papers of the American Museum of Natural History,* Bd. XIX, 1916, S. 25 ff. Swanton, »Tlingit Myths and Texts«, *l.c.,* S. 119, 128, 173.« Contributions to the Ethnology of the Haida«, *l.c.,* S. 29, 146, 258-259. Boas, »Tsimshian Mythology«, *l.c.,* S. 822-823, 835, 846. *Primitive Art,* (Instituttet for Sammenlignende Kulturforskning, Serie B, Bd. 8), Oslo 1927, Abb. 238, 256, 259, 260. L. F. Jones, *A Study of the Thlingets of Alaska,* Fleming H. Revell Co., 1914 (Johnson Reprint Co., 1970), S. 188-189 *94*

Swanton, »Tlingit Myths and Texts«, *l.c.,* S. 119, 173, 293, 366-368.« Contributions to the Ethnology of the Haida«, *l.c.,* S. 29, 109. J. M. Moziño, »Noticias de Nutka. An Account of Nootka Sound in 1792«, *American Ethnological Society Monograph 50*, Seattle-London 1970, S. 27 *94-95*

Jones, *l.c.,* S. 163 *95-96*

B. de Sahagun, *Florentine Codex. General History of the Things of New Spain.* In 13 Teilen; übers. von A. J. O. Anderson und Ch. E. Dibble. Santa Fé, N.M., 1950-1963. Teil XII, S. 68-70. Boas und Hunt, »Kwakiutl Texts«, *l.c.,* S. 378-382. Boas, »Tsimshian Mythology«, *l.c.,* S. 156, 948. Swanton, »Tlingit Myths and Texts«, *l.c.,* S. 173-175, 366-367. W. E. Roth, »An Inquiry into the Animism and Folklore of the Guiana Indians«, *30th Annual Report, Bureau of American Ethnology* (1908-1909), Washington, D.C., 1915, S. 242. C. McClellan, »Wealth Woman and Frogs among the Tagish Indians«, *Anthropos,* 58 (1-2), 1963. O. Orico, *Mitos Amerindios,* 2. Aufl., São Paulo 1930, S. 109. C. Lévi-Strauss, *Mythologiques II. Du Miel aux cendres, l.c.,* p. 168-169 [*l.c.,* S. 214] *97*

Hawthorn, *l.c.,* S. 253. Barnett, *l.c.,* S. 26, 148, 164-165. Swanton, »Contributions to the Ethnology of the Haida«, *l.c.,* S. 46. E. Petitot, *La Femme aux métaux. Légende nationale des Déné Couteaux-Jaunes du Grand Lac des Esclaves, Meaux* 1888 *98-99*

Curtis, *l.c.*, Bd. XVIII, S. 127-128. E. Petitot, *Traditions indiennes du Canada Nord-Ouest,* Paris 1886, S. 412-423. A. G. Morice, »The Great Déné Race«, *Anthropos,* 1906-1910, Bd. V, S. 644-645. S. Hearne, *A Journey from Prince of Wales' Fort in Hudson's Bay to the Northern Ocean,* London 1795, S. 175-176. P. E. Goddard, »Texts and Analysis of Cold Lake Dialect Chippewyan«, *Anthropological Papers of the American Museum of Natural History,* Bd. X, 2, 1912, S. 18. »Beaver Texts«, *ibid.*, Bd. X, 5-6, 1917, S. 333 *99*

C. Lévi-Strauss, *Mythologiques III. L'Origine des manières de table, l.c.*, S. 368-370 [*l.c.*, S. 477-479] *100*

Krause, *The Tlingit Indians, l.c.*, S. 183-186. Swanton, »Tlingit Myths and Texts«, *l.c.*, S. 20 *100-101*

Hill-Tout, »Notes on the Sk.qomic of British Columbia«, *l.c.*, S. 539-541 *101-103*

Boas. »Current Beliefs of the Kwakiutl Indians«, *l.c..*, S. 222. E. Sapir. »Wishram Texts«, *Publications of the American Ethnological Society,* Bd. II, Leyden 1909, S. 308-311. Boas, Hrsg., »Folk-Tales of Salishan and Sahaptin Tribes«, *l.c.*, S. 44 *101-103*

J. A. Teit, »Traditions of the Thompson River Indians«, *Memoirs of the American Folk-Lore Society,* Bd. VI, 1898, S. 32-34. »Mythology of the Thompson Indians«, *l.c.*, S. 313. »The Shuswap«, *Memoirs of the American Museum of Natural History,* Bd. IV, 1909, S. 642 *103-104*

C. Lévi-Strauss, *Mythologiques IV. L'Homme nu, l.c.*, S. 355-356 [*l.c.*, S. 459 f.] *104-105*

Th. Adamson, »Folk-Tales of the Coast Salish«, *Memoirs of the American Folk-Lore Society,* Bd. XXVII, 1934, S. 369-371 *105*

Swanton, »Tlingit Myths and Texts«, *l.c.*, S. 252-261 *110-111*

F. Boas, »Tsimshian Texts, *Bulletin 27, Bureau of American Ethnology,* Washington, D.C., 1902, S. 137. Swanton, »Tlingit Myths and Texts«, *l.c.*, S. 168 *113-115*

C. Ouwehand, *Namazu-e and their Themes. An Interpretative Approach to Some Aspects of Japanese Folk Religion, Leiden* 1964. A Salmony, *Antler and Tongue,* Supplement, *Artibus Asiae,* 1954. D. Fraser, Hrsg., *Early Chinese Art and the Pacific Basin. A Photographic Exhibition,* Columbia University, New York 1967. Shun-sheng Ling, »Human Figures with Protruding Tongue . . .«, *Bulletin of the Institute of Ethnology, Academia Sinica,* 2, 1956. M. Badner, »The Protruding Tongue and Related Motifs in the Art Styles of the American Northwest Coast. New Zeeland and China«, *Wiener Beiträge zur Kulturgeschichte und Linguistik,* 15, Wien 1966 *118-119*

Teit, »The Shuswap«, *l.c.,* S. 350, 644, 651. Reichard, »An Analysis of Cœur d'Alene Indian Myths«, *l.c.,* S. 57-67. C. Lévi-Strauss, *Mythologiques IV. L'Homme nu, l.c.,* S. 396 [*l.c.,* S. 512 f.]. Boas und Hunt, »Ethnology of the Kwakiutl«, *l.c.,* S. 175-608. F. Boas, »The Religion of the Kwakiutl Indians«, 2 Teile, *Columbia University Contributions to Anthropology,* Bd. X, 1930, Teil 2, S. 242-243. E. V. Steedman, »The Ethnobotany of the Thompson Indians«, *45th Annual Report, Bureau of American Ethnology* (1927-1928), Washington, D.C., 1930, S. 508. J. A. Teit, »Mythology of the Thompson Indians«, *l.c.,* S. 225. Adamson, *l.c.,* S. 160, 172, 175 *119-120*

F. A. Golder, »Tlingit Myths«, *Journal of American Folklore,* 20, 1907, S. 290-295. F. Boas, »Kathlamet Texts«, *Bulletin 26, Bureau of American Ethnology,* Washington, D.C., 1901, S. 39-44, 253 *121-124*

D. Jenness, »Myths and Traditions from Northern Alaska . . .«, *Report of the Canadian Arctic Expedition* (1913-1918), Bd. XIII, Teil A, 1924, S. 73. Teit, »The Shuswap«, *l.c.,* S. 703. S. Vincent, »Structure du rituel: la tente tremblante et le concept de mista pe.w«, *Signes et langages des Amériques. Recherches amérindiennes au Québec,* Bd. III, 1-2, 1973. G. Reichel-Dolmatoff, *Desana. Simbolismo de los Indios Tukano del Vaupés,* Bogotá 1968, S. 36. A. Skinner, »Social Life and Ceremonial Bundles of the Menomini Indians«, *Anthropological Papers of the American Museum of Natural History,* Bd. XIII, 1913, S. 120-121. »Societies of the Iowa, Kansa and Ponca«, *ibid.,* Bd. XI, Teil 9, 1915, S. 760. A. Skinner und J. V. Satterlee, »Folklore of the Menomini Indians«, *ibid.,* Bd. XIII, Teil 3, 1915, S. 361-364. W. Jones, »Ojibwa Texts«, 2 Teile. *Publications of the American Ethnological Society,* Bd. VII, 1917-1919, Teil 2, S. 641 *126*

E. L. Keithahn, »Origin of the Chief's Copper or Tinneh«, *Anthropological Papers of the University of Alaska,* Bd. XII, 1964, S. 59-78 *127*

T. T. Waterman, »Some Conundrums of Northwest Coast Art«, *American Anthropologist,* Bd. 25, 1923, S. 448-451. P. S. Wingert, *American Indian Sculpture. A Study of the Northwest Coast,* New York, 1949,

S. 60, Fn. 72 *128*

Boas, »The Social Organization and the Secret Societies etc.«, *l.c.*, Tafel 6, S. 346 *130*

T. A. Rickard, The Use of Iron and Copper by the indians of British Columbia«, *British Columbia Historical Quarterly*, 3, 1939. J. Witthoft und F. Eyman, »Metallurgy of the Tlingit, Dene, and Eskimo«, *Expedition. The Bulletin of the University Museum of the University of Pennsylvania*, Bd. 11, Nr. 3, 1969. A. Couture und J. O. Edwards, »Origin of Copper Used by Canadian West Coast Indians in the Manufacture of Ornamental Plaques«, *Contributions to Anthropology* 1961-1962, Teil 2. *Bulletin* 194, *National Museum of Canada*, 1964 *135-136*

(schwarz-weiß)

INHALT

Kunst und Musik

Alban Berg. Leben und Werk in Daten und Bildern
Herausgegeben von Erich Alban Berg. it 194

William Blake. Lieder der Unschuld und Erfahrung
Nach einem handkolorierten Exemplar des British Museum. Herausgegeben und mit einem Nachwort versehen von W. Hofmann. Deutsch von W. Wilhelm. it 116

Carl Gustav Carus. Gedanken über große Kunst
Herausgegeben von Paul Stöcklein. Mit zeitgenössischen Illustrationen. it 267

Caspar David Friedrich
Auge und Landschaft. Zeugnisse in Wort und Bild. Mit farbigen Abbildungen, Interpretation von G. Eimer und Zeugnisse von Carus, Körner, Tieck, Runge, Kleist. it 62

Vincent van Gogh. Briefe
Ausgewählt von Paul Nizon. Mit Farbtafeln. it 177

Claude Lévi-Strauss. Masken
Mit zum Teil farbigen Illustrationen. it 288

Michelangelo. Leben und Werk in Daten und Bildern
Herausgegeben von Harald Keller. Mit mehrfarbigen Abbildungen. it 148

Michelangelo. Zeichnungen und Dichtungen
Ausgewählt und kommentiert von Harald Keller. Übertragung der Dichtungen von Rainer Maria Rilke. Mit einem Essay von Thomas Mann. Mit Abbildungen. it 147

Mozart. Briefe
Ausgewählt, eingeleitet und kommentiert von Wolfgang Hildesheimer. Mit zeitgenössischen Porträts. it 128

Dolf Sternberger. Über Jugendstil
Mit farbigen Abbildungen. it 274

Heinrich Wigand Petzet. Das Bildnis des Dichters. Rainer Maria Rilke/Paula Becker-Modersohn
Eine Begegnung. Mit farbigen Abbildungen. it 198

Richard Wagner. Ausgewählte Schriften
Herausgegeben von Dietrich Mack. Mit einem Essay von Ernst Bloch. it 66

insel taschenbücher
Alphabetisches Verzeichnis

Daudet: Tartarin von Tarascon it 84
Defoe: Robinson Crusoe it 41
Denkspiele it 76
Dickens: Oliver Twist it 242
Die Erzählungen aus den Tausendundein Nächten
(12 Bände in Kassette) it 224
Die großen Detektive it 101
Diderot: Die Nonne it 31
Eichendorff: Aus dem Leben eines Taugenichts it 202
Eisherz und Edeljaspis it 123
Fabeln und Lieder der Aufklärung it 208
Der Familienschatz it 34
Ein Fisch mit Namen Fasch it 222
Fabre: Das offenbare Geheimnis it 269
Flaubert: Ein schlichtes Herz it 110
Flaubert: Lehrjahre des Gefühls it 276
Fontane: Der Stechlin it 152
Fontane: Effi Briest it 138
Fontane: Unwiederbringlich it 286
le Fort. Leben und Werk im Bild it 195
Caspar David Friedrich: Auge und Landschaft it 62
Manuel Gassers Köchel-Verzeichnis it 96
Gasser: Tante Melanie it 192
Gebete der Menschheit it 238
Das Geburtstagsbuch it 155
Geschichten der Liebe aus 1001 Nächten it 38
Gespräche mit Marx und Engels (2 Bände) it 19/20
Goethe: Dichtung und Wahrheit
(3 Bände in Kassette) it 149/it 150/it 151
Goethe: Die Leiden des jungen Werther it 25
Goethe: Die Wahlverwandtschaften it 1
Goethe: Faust (1. Teil) it 50
Goethe: Faust (2. Teil) it 100
Goethe: Hermann und Dorothea it 225
Goethe: Italienische Reise it 175
Goethe: Liebesgedichte it 275
Goethe: Maximen und Reflexionen it 200
Goethe: Reineke Fuchs it 125
Goethe – Schiller: Briefwechsel (2 Bände) it 250
Goethe: Tagebuch der italienischen Reise it 176
Goethe: West-östlicher Divan it 75
Gogh: Briefe it 177
Gogol: Der Mantel it 241
Grandville: Bilder aus dem Staats- und Familienleben
der Tiere (2 Bände) it 214

Grimmelshausen: Courasche it 211
Gundert: Marie Hesse it 261
Hauff-Märchen (2 Bände in Kassette) it 216/it 217
Hebel: Bildergeschichte vom Zundelfrieder it 271
Hebel: Kalendergeschichten it 17
Heine: Aus den Memoiren des Herren von Schnabelewopski it 189
Heine: Buch der Lieder it 33
Heras: Am Anfang war das Huhn it 185
Hesse: Dank an Goethe it 129
Hesse: Geschichten aus dem Mittelalter it 161
Hesse: Hermann Lauscher it 206
Hesse: Kindheit des Zauberers it 67
Hesse: Leben und Werk im Bild it 36
Hesse: Piktors Verwandlungen it 122
Hesse/Schmögner: Die Stadt it 236
Hesse/Weiss: Der verbannte Ehemann it 260
Hillmann: ABC-Geschichten it 99
E. T. A. Hoffmann: Der unheimliche Gast it 245
E. T. A. Hoffmann: Kater Murr it 168
Hölderlin-Chronik it 83
Hölderlin: Dokumente seines Lebens it 221
Homer: Ilias it 153
Horváth: Leben und Werk it 237
Ricarda Huch: Der Dreißigjährige Krieg (2 Bände) it 22/23
Jacobsen: Die Pest in Bergamo it 265
Jacobsen: Niels Lyhne it 44
Kant-Brevier 61
Kaschnitz: Eisbären it 4
Kästner: Die Lerchenschule it 57
Kästner: Die Stundentrommel vom heiligen Berg Athos it 56
Kästner: Griechische Inseln it 118
Kästner: Kreta it 117
Kästner: Ölberge, Weinberge it 55
Keller: Züricher Novellen it 201
Zum Kinderbuch it 92
Kinderheimat it 111
Kinder- und Hausmärchen gesammelt durch die Brüder Grimm (3 Bände in Kassette) it 112/it 113/it 114
Kin Ping Meh it 253
Kleist: Geschichte meiner Seele it 281
Kleist: Der zerbrochene Krug it 171

Klingemann: Nachtwachen von Bonaventura it 89
Klinger: Leben und Werk in Daten und Bildern it 204
Knigge: Über den Umgang mit Menschen it 273
Konfuzius: Materialien it 87
Konfuzius und der Räuber Zhi it 278
Kropotkin: Memoiren eines Revolutionärs it 21
Laclos: Schlimme Liebschaften it 12
Lamb: Shakespeare Novellen it 268
Das große Lalula it 91
Das Buch der Liebe it 82
Lévi-Strauss: Der Weg der Masken it 288
Liebe Mutter } it 230 (in Kassette)
Lieber Vater } it 231
Lichtenberg: Aphorismen it 165
Linné: Lappländische Reise it 102
Longus: Daphnis und Chloë it 136
Lorca: Die dramatischen Dichtungen it 3
Der Löwe und die Maus it 187
Majakowski: Werke I it 16 Werke II it 53 Werke III it 79
Malory: König Artus (3 Bände) it 239
Marc Aurel: Wege zu sich selbst it 190
Märchen deutscher Dichter it 13
Maupassant: Bel-Ami it 280
Maupassant: Das Haus Tellier it 248
Maupassant: Pariser Abenteuer it 106
Mäusegeschichten it 173
Melville: Moby Dick it 233
Michelangelo: Handzeichnungen und Dichtungen it 147
Michelangelo. Leben und Werk it 148
Minnesinger it 88
Mirabeau: Der gelüftete Vorhang it 32
Montaigne: Essays it 220
Mordillo: Das Giraffenbuch it 37
Mordillo: Das Giraffenbuch 2 it 71
Mordillo: Träumereien it 108
Morgenstern: Alle Galgenlieder it 6
Mörike: Die Historie von der schönen Lau it 72
Mozart: Briefe it 128
Musäus: Rübezahl it 73
Mutter Gans it 28
Die Nibelungen it 14
Nietzsche: Also sprach Zarathustra it 145
Novalis. Dokumente seines Lebens it 178
Orbeliani: Die Weisheit der Lüge it 81

Schumacher: Ein Gang durch den
Grünen Heinrich it 184
Schwab: Sagen des klassischen Altertums
(3 Bände in Kassette) it 127
Scott: Im Auftrag des Königs it 188
Shakespeare: Sonette it 132
Shaw-Brevier it 159
Sindbad der Seefahrer it 90
Sonne, Mond und Sterne it 170
Sophokles: Antigone it 70
Sophokles: König Ödipus it 15
Stendhal: Rot und Schwarz it 213
Stendhal: Über die Liebe it 124
Sternberger: Über Jugendstil it 274
Sterne: Yoricks Reise des Herzens it 277
Stevenson: Die Schatzinsel it 65
Storm: Am Kamin it 143
Swift: Ein bescheidener Vorschlag ... it 131
Swift: Gullivers Reisen it 58
Tillier: Mein Onkel Benjamin it 219
Toepffer: Komische Bilderromane
(2 Bände in Kassette) it 137
Tolstoj: Die großen Erzählungen it 18
Tolstoj: Kindheit, Knabenalter, Jünglingsjahre it 203
Tschechow: Die Dame mit dem Hündchen it 174
Turgenjew: Erste Liebe it 257
Turgenjew: Väter und Söhne it 64
Der Turm der fegenden Wolken it 162
Twain: Huckleberry Finns Abenteuer it 126
Twain: Leben auf dem Mississippi it 252
Twain: Tom Sawyers Abenteuer it 93
Voltaire: Candide it 11
Voltaire: Sämtliche Romane und Erzählungen
(2 Bände) it 209/it 210
Voltaire: Zadig it 121
Wagner: Ausgewählte Schriften it 66
Walser: Fritz Kochers Aufsätze it 63
Das Weihnachtsbuch it 46
Das Weihnachtsbuch der Lieder it 157
Das Weihnachtsbuch für Kinder it 156
Wilde: Die Erzählungen und Märchen it 5
Wilde: Salome it 107
Wilde: Leben und Werk it 158
Der Zauberbrunnen it 197
Zimmer: Yoga und Buddhismus it 45